우리말 속뜻 금강경

우리말 속뜻 금강경

구마라습 중역 | 전광진 국역

차례

우리말 속뜻 금강경

[金剛經 原文表音]

금강경 독송정진

정구업진언

수리수리 마하수리 수수리 사바하

수리수리 마하수리 수수리 사바하

수리수리 마하수리 수수리 사바하

오방내외 안위제신진언

나무 사만다 못다남 옴 도로도로 지미 사바하

나무 사만다 못다남 옴 도로도로 지미 사바하

나무 사만다 못다남 옴 도로도로 지미 사바하

개경게

위없이~	심히깊은	미묘한법을
백천만겁	지난들~	어찌만나리
제가이제	보고듣고	받아지니니
부처님의	진실한뜻	알아지이다.

※ 조계종 표준의례 '우리말 천수경'(2013. 12. 19. 제196회 중앙종회 제정)에 따름.

개법장 진언

옴 아라남 아라다

옴 아라남 아라다

옴 아라남 아라다

金剛經 讀誦精進

淨口業眞言

修理修理 摩訶修理 修修理 娑婆訶

修理修理 摩訶修理 修修理 娑婆訶

修理修理 摩訶修理 修修理 娑婆訶

五方內外 安慰諸神眞言

南無 三滿多 沒馱南 唵 度魯度魯 地尾 娑婆訶

南無 三滿多 沒馱南 唵 度魯度魯 地尾 娑婆訶

南無 三滿多 沒馱南 唵 度魯度魯 地尾 娑婆訶

開經偈

無上甚深微妙法

百千萬劫難遭遇

我今聞見得受持

願解如來眞實義

開法藏眞言

唵 阿羅南 阿羅多

唵 阿羅南 阿羅多

唵 阿羅南 阿羅多

법회가 열린 인연

이와 같이 저 아난이 들었습니다.

어느 날 부처님께서 사위국 기수급고독원에서

대비구 1,250인과 함께 계셨습니다.

그때 공양시간이 되어서

부처님께서 가사를 입고 발우를 들고

사위대성으로 들어가 탁발을 하셨습니다.

성 안에서 차례로 비심을 마치고는 본래 처소로

돌아오셨습니다.

공양을 드신 뒤

가사와 발우를 거두고

발을 씻으신 다음

자리를 펴고 앉으셨습니다.

第1分

法會因由
법 회 인 유

如是我聞:
여 시 아 문

一時, 佛在舍衛國祇樹給孤獨園,
일 시   불 재 사 위 국 기 수 급 고 독 원

與大比丘衆千二百五十人俱。
여 대 비 구 중 천 이 백 오 십 인 구

爾時, 世尊, 食時, 着衣持鉢,
이 시   세 존   식 시   착 의 지 발

入舍衛大城乞食。
입 사 위 대 성 걸 식

於其城中, 次第乞已, 還至本處。
어 기 성 중   차 제 걸 이   환 지 본 처

飯食訖,
반 사 흘

收衣鉢,
수 의 발

洗足已,
세 족 이

敷座而坐。
부 좌 이 좌

제
1
분

11

제 2 분

수보리 법을 청함

그때 장로 수보리가 대중 가운데 있다가

자리에서 일어나 가사를 어깨에 걸치고

오른발 무릎은 바닥에 꿇고 합장하여 공경을 표하면서

부처님께 아뢰었습니다.

"희유하십니다. 세존이시여!

여래께서는 여러 보살을 잘 보살펴 주고

모든 보살을 잘 당부하여 주십니다.

세존이시여!

선남자 선여인이 아뇩다라삼먁삼보리라는

최상의 깨달음을 발심하면,

바른 마음을 어디에 머물러야 하며

삿된 마음을 어떻게 항복받아야 하겠습니까?"

善現起請
선 현 기 청

時, 長老須菩提, 在大衆中,
시 장로수보리 재대중중

即從座起, 偏袒右肩,
즉 종 좌 기 편 단 우 견

右膝着地, 合掌恭敬,
우 슬 착 지 합 장 공 경

而白佛言:
이 백 불 언

　"希有, 世尊!
　　희 유 세 존

　如來善護念諸菩薩, 善付囑諸菩薩!
　　여 래 선 호 념 제 보 살 선 부 촉 제 보 살

　世尊! 善男子、善女人,
　　세 존 선 남 자 선 여 인

　發阿耨多羅三藐三菩提心,
　　발 아 뇩 다 라 삼 막 삼 보 리 심

　應云何住?
　　응 운 하 주

　云何降伏其心?"
　　운 하 항 복 기 심

부처님께서 밀씀하셨습니다.

"훌륭하도다. 참으로 훌륭하도다. 수보리야!

그대가 말한 바와 같이

'여래가 모든 보살을 잘 보살펴 주고

모든 보살에게 잘 당부하여 맡겼노라'.

그대는 잘 살펴 들어라!

마땅히 그대를 위하여 말하겠노라.

선남자 선여인이 아뇩다라삼먁삼보리라는

최상의 깨달음을 발심하면,

마땅히 바른 마음은 이와 같이 머물러야 하고

삿된 마음은 이와 같이 항복받을지어다."

[수보리]

"예! 그렇게 하겠사옵니다. 세존이시여!

원컨대 기꺼이 잘 듣겠사옵나이다."

佛言:
불언

"善哉! 善哉! 須菩提!
선재 선재 수보리

如汝所說:'如來善護念諸菩薩,
여여소설 여래선호념제보살

善付囑諸菩薩'。
선부촉제보살

汝今諦聽, 當爲汝說!
여금제청 당위여설

善男子、善女人,
선남자 선여인

發阿耨多羅三藐三菩提心,
발아뇩다라삼먁삼보리심

應如是住,
응여시주

如是降伏其心"。
여시항복기심

[수보리]

"唯然, 世尊!
유연 세존

願樂欲聞"。
원요욕문

대승의 바른 의미

부처님께서 수보리에게 말씀하셨습니다.

"모든 보살 마하살은

삿된 마음을 마땅히 이렇게 항복받을지니라.

온갖 무리의 모든 중생들, 이를테면

알에서 나는 생명,

태에서 나는 생명,

습기에서 나는 생명,

탈바꿈으로 나는 생명,

모습이 있는 생명,

모습이 없는 생명,

생각이 있는 생명,

第 3 分

大乘正宗
대 승 정 종

佛告須菩提:
불 고 수 보 리

"諸菩薩摩訶薩, 應如是降伏其心。
제 보 살 마 하 살   응 여 시 항 복 기 심

所有一切衆生之類:
소 유 일 체 중 생 지 류

若卵生,
약 란 생

若胎生,
약 태 생

若濕生,
약 습 생

若化生;
약 화 생

若有色,
약 유 색

若無色;
약 무 색

若有想,
약 유 상

제
3
분

17

생각이 없는 생명,

생각이 있는 것도 아니고 없는 것도 아닌 생명,

이 모든 생명들을 내가 완전한 열반에 들게 하여

모두 제도하리라.

이와 같이 한량없고, 셀 수 없고, 끝도 없이 많은 중생을

모두 멸도하겠지만,

실로 멸도를 얻은 중생이 없느니라.

왜냐하면, 수보리야!

만약 보살이

'나'만을 생각하는 망상,

나와 '남'을 차별하는 망상,

나는 '중생'이라 여기는 망상,

나는 '오래 산다'는 망상을 지니고 있으면

정녕 보살이 아니기 때문이니라."

若無想;
약 무 상

若非有想, 非無想;
약 비 유 상   비 무 상

我皆令入無餘涅槃而滅度之。
아 개 영 입 무 여 열 반 이 멸 도 지

如是滅度無量、無數、無邊衆生,
여 시 멸 도 무 량   무 수   무 변 중 생

實無衆生得滅度者。
실 무 중 생 득 멸 도 자

何以故? 須菩提!
하 이 고   수 보 리

若菩薩有我相、
약 보 살 유 아 상

人相、
인 상

衆生相、
중 생 상

壽者相, 卽非菩薩"。
수 자 상   즉 비 보 살

제 4 분

집착이 없는 보시

[부처님]

"그리고 수보리야!

보살은 마땅히 어떤 관념에 머물지 말고

보시해야 하느니라.

이른바 모양에 머물지 말고 보시하는 것을 말하며,

    소리, 향기, 입맛, 촉감, 관념에 머물지 말고

    보시하는 것을 말하느니라.

수보리야!

보살은 응당 이와 같이 보시하되

어떠한 모습에도 머물지 말지어다.

왜냐하면, 만약 보살이 어떤 모습에

머물지 않고 보시하면,

그의 복덕이 이루 다 헤아릴 수 없으리라.

妙行無住
묘 행 무 주

[부처님]

　"復次, 須菩提!
　　　부 차　　수 보 리

　菩薩於法, 應無所住, 行於布施。
　　　보 살 어 법　응 무 소 주　행 어 보 시

　所謂不住色布施;
　　　소 위 부 주 색 보 시

　　　不住聲、香、味、觸、法布施。
　　　　　부 주 성　향　미　촉　법 보 시

　須菩提!
　　　수 보 리

　菩薩應如是布施,
　　　보 살 응 여 시 보 시

　不住於相。
　　　부 주 어 상

　何以故? 若菩薩不住相布施,
　　　하 이 고　약 보 살 부 주 상 보 시

　其福德不可思量。
　　　기 복 덕 불 가 사 량

수보리야! 어떻게 생각하느냐?

동쪽 허공을 생각으로 헤아릴 수 있겠느냐?"

[수보리]

"헤아릴 수 없나이다. 세존이시여!"

[부처님]

"수보리야!

남서북방, 그 사이와 상하, 그 모든 허공을 헤아릴 수

있겠느냐?"

[수보리]

"헤아릴 수 없나이다. 세존이시여!"

[부처님]

"수보리야!

보살이 어떤 모습에도 머물지 않고 보시한 복덕

역시 그와 같아서 이루 다 헤아릴 수 없느니라.

수보리야!

보살은 오직 가르침을 받은 대로 머물러야 할지니라."

須菩提! 於意云何?
수보리 어의운하

東方虛空, 可思量不?"
동방허공 가사량부

[수보리]

"不也, 世尊!"
불야 세존

[부처님]

"須菩提!
수보리

南西北方, 四維上下, 虛空可思量不?"
남서북방 사유상하 허공가사량부

[수보리]

"不也, 世尊!"
불야 세존

[부처님]

"須菩提!
수보리

菩薩無住相布施, 福德亦復如是,
보살무주상보시 복덕역부여시

不可思量。
불가사량

須菩提!
수보리

菩薩但應如所敎住"。
보살단응여소교주

제 5 분

여래의 참된 모습

[부처님]

"수보리야! 어떻게 생각하느냐?

걸모습으로 나를 알 수 있겠느냐?"

[수보리]

"알 수 없사옵니다. 세존이시여!

걸모습으로는 여래를 알 수 없사옵니다.

왜냐하면, 여래께서 말씀하신 걸모습은

진정한 모습이 아니기 때문입니다."

부처님께서 수보리에게 읊어 주셨습니다.

> "무릇 눈에 보이는 모습은
> 모두 다 허망하도다.
> 온갖 모습이 정녕 모습이 아님을 알면,
> 즉시 여래를 알게 되리라."

第 5 分

如理實見
여 리 실 견

[부처님]

"須菩提! 於意云何?
수 보 리   어 의 운 하

可以身相, 見如來不?"
가 이 신 상   견 여 래 부

[수보리]

"不也, 世尊!
불 야   세 존

不可以身相, 得見如來。
불 가 이 신 상   득 견 여 래

何以故? 如來所說身相, 卽非身相"。
하 이 고   여 래 소 설 신 상   즉 비 신 상

佛告須菩提:
불 고 수 보 리

"凡所有相, 皆是虛妄;
범 소 유 상   개 시 허 망

若見諸相非相, 卽見如來。"
약 견 제 상 비 상   즉 견 여 래

제 6 분

올바른 믿음 내라

수보리가 부처님께 아뢰었습니다.

"세존이시여! 많은 중생들이

이 말씀을 듣거나 이 글귀를 보고

진실한 믿음을 내겠사옵니까?"

부처님께서 수보리에게 말씀하셨습니다.

"그런 말은 하지 말라!

여래가 열반한 뒤 2,500년 뒤에도

계를 받아 복을 닦는 사람들이 있고

이 문장과 이 글귀를 보고 능히 믿음을 내고

이를 충실하게 수행하리라.

마땅히 알지어다.

이 사람은 한 부처님, 두 부처님, 셋, 넷, 다섯

부처님에게만 선근을 심은 것이 아니고

正信希有
정 신 희 유

須菩提白佛言:
수 보 리 백 불 언

"世尊! 頗有衆生,
세 존 파 유 중 생

得聞如是, 言說章句,
득 문 여 시 언 설 장 구

生實信不?"
생 실 신 부

佛告須菩提:
불 고 수 보 리

"莫作是說! 如來滅後, 後五百歲,
막 작 시 설 여 래 멸 후 후 오 백 세

有持戒修福者,
유 지 계 수 복 자

於此章句, 能生信心, 以此爲實。
어 차 장 구 능 생 신 심 이 차 위 실

當知是人, 不於一佛、二佛、
당 지 시 인 불 어 일 불 이 불

三、四、五佛, 而種善根,
삼 사 오 불 이 종 선 근

이미 한량없는 천만 부처님이 계신 곳에서

온갖 선근을 다 심었으므로

이 문장이나 이 글귀를 듣거나

혹은 한 번의 염송으로도

맑은 믿음을 낼 것이니라.

수보리야! 여래는 다 알고 다 보나니,

모든 중생은 이와 같이 한량없는 복덕을 얻으리라.

왜냐하면, 중생들은 더 이상

　　자기만 생각하는 '아상',

　　자기와 남을 차별하는 '인상',

　　자기를 중생이라 여기는 '중생상',

　　자기는 오래 산다는 '수자상',

이런 네 가지 망상이 없을 것이며

실체라 여기는 망상도 없을 것이며

또한 실체를 부정하는 망상도 없을 것이니라.

已於無量千萬佛所, 種諸善根,
이어무량천만불소 종제선근

聞是章句, 乃至一念, 生淨信者。
문시장구 내지일념 생정신자

須菩提! 如來悉知悉見,
수보리 여래실지실견

是諸衆生得如是無量福德。
시제중생득여시무량복덕

何以故? 是諸衆生,
하이고 시제중생

無復我相、
무부아상

人相、
인상

衆生相、
중생상

壽者相,
수자상

無法相,
무법상

亦無非法相。
역무비법상

왜냐하면, 모든 중생들이

마음에 어떤 망상을 가지게 되면,

나와 남과 중생과 목숨에 집착하게 되느니라.

만약 실체라 여기는 망상을 가지게 되어도

나와 남과 중생과 목숨에 집착하게 되느니라.

왜냐하면, 만약 실체를 부정하는 망상을 가져도

나와 남과 중생과 목숨에 집착하기 때문이니라.

그러므로 실체를 긍정하지도 말 것이며

실체를 부정하지도 말아야 하느니라.

이런 까닭에 내가 늘상 이런 말을 하였노라.

　'그대 비구들은 알지어다.

　　내가 말한 실체는 강을 건넌 다음에는 버려야 하는

　　뗏목과 같은 것이니라.'

실체도 버려야 마땅하거늘

하물며 실체가 아닌 것이랴!"

何以故? 是諸衆生, 若心取相,
하 이 고   시 제 중 생   약 심 취 상

卽爲着我、人、衆生、壽者;
즉 위 착 아   인   중 생   수 자

若取法相,
약 취 법 상

卽着我、人、衆生、壽者。
즉 착 아   인   중 생   수 자

何以故? 若取非法相,
하 이 고   약 취 비 법 상

卽着我、人、衆生、壽者。
즉 착 아   인   중 생   수 자

是故不應取法, 不應取非法。
시 고 불 응 취 법   불 응 취 비 법

以是義故, 如來常說:
이 시 의 고   여 래 상 설

'汝等比丘,
여 등 비 구

知我說法,
지 아 설 법

如筏喩者'。
여 벌 유 자

法尙應捨, 何況非法!"
법 상 응 사   하 황 비 법

제 7 분

얻을 바 하나 없다

[부처님]

"수보리야! 어떻게 생각하느냐?

내가 아뇩다라삼먁삼보리라는 최상의 깨달음을

얻었느냐?

내가 말한 어떤 실체가 있더냐?"

수보리가 말하였습니다.

"여래께서 말씀하신 속뜻을 이해하기로는

어떤 특정 실체가 있어서 아뇩다라삼먁삼보리라고

이름한 것은 아니며

또한 어떤 특정 실체가 있어서 여래께서 말씀하신

것도 아닙니다.

왜냐하면, 여래께서 말씀하신 실체는

모두 취할 수도 없으며

無得無說
무 득 무 설

[부처님]

"須菩提! 於意云何?
수 보 리 어 의 운 하

如來得阿耨多羅三藐三菩提耶?
여 래 득 아 뇩 다 라 삼 먁 삼 보 리 야

如來有所說法耶?"
여 래 유 소 설 법 야

須菩提言:
수 보 리 언

"如我解佛所說義,
여 아 해 불 소 설 의

無有定法名阿耨多羅三藐三菩提,
무 유 정 법 명 아 뇩 다 라 삼 먁 삼 보 리

亦無有定法如來可說。
역 무 유 정 법 여 래 가 설

何以故?
하 이 고

如來所說法, 皆不可取,
여 래 소 설 법 개 불 가 취

말할 수도 없습니다.

실체가 아니며

실체가 아닌 것도 아닙니다.

왜냐하면, 일체의 현자와 성인들은

아무것도 없음을 실체로 삼았기 때문에

범부와 차별이 나옵니다."

不可說; 非法, 非非法。
불가설　비법　비비법

所以者何?
소 이 자 하

一切賢聖,
일 체 현 성

皆以無爲法,
개 이 무 위 법

而有差別。"
이 유 차 별

깨달음 여기에서

[부처님]

"수보리야! 어떻게 생각하느냐?

만약 어떤 사람이 삼천대천세계를 가득 채울 만큼

많은 금은보화로 보시한다면,

이 사람이 얻는 복덕이 과연 많다고 하겠느냐?"

수보리가 말하였습니다.

"아주 많습니다. 세존이시여!

왜냐하면, 그 복덕은 복덕의 본성이 아닙니다.

그러므로 여래께서 '복덕이 많다'고 말씀하셨습니다."

[부처님]

"만약 또 어떤 사람이 이 경전을 받아 지니거나

혹은 사구게 등이라도

第8分

依法出生
의 법 출 생

[부처님]

"須菩提! 於意云何?
수 보 리　어 의 운 하

若人滿三千大千世界七寶, 以用布施,
약 인 만 삼 천 대 천 세 계 칠 보　이 용 보 시

是人所得福德, 寧爲多不?"
시 인 소 득 복 덕　영 위 다 부

須菩提言:
수 보 리 언

"甚多, 世尊!
심 다　세 존

何以故? 是福德, 卽非福德性。
하 이 고　시 복 덕　즉 비 복 덕 성

是故, 如來說, 福德多"。
시 고　여 래 설　복 덕 다

[부처님]

"若復有人, 於此經中受持,
약 부 유 인　어 차 경 중 수 지

乃至四句偈等,
내 지 사 구 게 등

다른 사람에게 말해 준다면,

그의 복이 앞사람보다 훨씬 뛰어나리라.

왜냐하면, 수보리야!

일체의 모든 부처님,

그리고 그 부처님들이 얻은 아뇩다라삼먁삼보리라는

최상의 깨달음은

모두 이 경으로부터 나왔기 때문이니라.

수보리야!

이른바 '부처의 깨달음'이란,

정녕 '부처의 깨달음'이란 실체는 아니라

　　'부처의 깨달음'이라 이름할 따름이니라.

爲他人說, 其福勝彼。
위 타 인 설   기 복 승 피

何以故? 須菩提!
하 이 고   수 보 리

一切諸佛,
일 체 제 불

及諸佛阿耨多羅三藐三菩提法,
급 제 불 아 뇩 다 라 삼 막 삼 보 리 법

皆從此經出。
개 종 차 경 출

須菩提!
수 보 리

所謂佛法者,
소 위 불 법 자

即非佛法"。
즉 비 불 법

하나도 집착 말라

[부처님]

"수보리야! 어떻게 생각하느냐?

수다원이 '나는 수다원이란 경지를 얻었다.'

이런 생각을 할 수 있겠느냐?"

수보리가 말하였습니다.

"아니옵니다. 세존이시여!

왜냐하면, 수다원을 '성인의 지위에 든다'고

이름하지만,

실로 어디에 들어간 바가 없사오며

모양이나 소리나 향기나 입맛이나 촉감이나 관념의

경지에도 들지 않았는데

그 이름을 '수다원'이라 하였을 뿐이기 때문입니다."

一相無相
일 상 무 상

[부처님]

"須菩提! 於意云何?
수 보 리   어 의 운 하

須陀洹能作是念:
수 다 원 능 작 시 념

我得須陀洹果不?"
아 득 수 다 원 과 부

須菩提言:
수 보 리 언

"不也, 世尊!
불 야   세 존

何以故?
하 이 고

須陀洹名爲入流, 而無所入;
수 다 원 명 위 입 류   이 무 소 입

不入色、聲、香、味、觸、法,
불 입 색   성   향   미   촉   법,

是名須陀洹"。
시 명 수 다 원

[부처님]

　"수보리야! 어떻게 생각하느냐?

　사다함이 '나는 사다함이란 경지를 얻었다.'

　이런 생각을 할 수 있겠느냐?"

수보리가 말하였습니다.

　"아니옵니다. 세존이시여!

　왜냐하면, 사다함을 '천상에 한 번 갔다 왔다'고

　이름하지만 실로 갔다 온 적이 없으며

　그 이름이 '사다함'일 뿐이기 때문입니다."

[부처님]

　"수보리야! 어떻게 생각하느냐?

　아나함이 '나는 아나함이란 경지를 얻었다.'

　이런 생각을 할 수 있겠느냐?"

수보리가 말하였습니다.

　"아니옵니다. 세존이시여!

　왜냐하면, 아나함을 '인간세계에 다시 오지

　아니한다'고 이름하지만

[부처님]

"須菩提! 於意云何?
수 보 리 어 의 운 하

斯陀含能作是念: 我得斯陀含果不?"
사 다 함 능 작 시 념   아 득 사 다 함 과 부

須菩提言:
수 보 리 언

"不也, 世尊!
불 야 세 존

何以故? 斯陀含名一往來,
하 이 고   사 다 함 명 일 왕 래

而實無往來, 是名斯陀含"。
이 실 무 왕 래   시 명 사 다 함

[부처님]

"須菩提! 於意云何?
수 보 리 어 의 운 하

阿那含能作是念: 我得阿那含果不?"
아 나 함 능 작 시 념   아 득 아 나 함 과 부

須菩提言:
수 보 리 언

"不也, 世尊!
불 야 세 존

何以故? 阿那含名爲不來,
하 이 고   아 나 함 명 위 불 래

실로 오지 않은 적이 없으며 그 이름이 '아나함'일

뿐이기 때문입니다."

[부처님]

"수보리야! 어떻게 생각하느냐?

아라한이 '나는 아라한의 경지를 얻었다.' 이런 생각을

할 수 있겠느냐?"

수보리가 말하였습니다.

"아니옵니다. 세존이시여!

왜냐하면, 실로 어떤 실체가 있어서

'아라한'이라 이름하였던 것은 아니기 때문입니다.

세존이시여! 만약 아라한이

'나는 아라한의 경지를 얻었다.' 이런 생각을 한다면,

나와 남과 중생과 목숨에 집착하게 되옵니다.

세존이시여!

부처님께서 '수보리 그대는 다툼이 없는 삼매의

경지를 얻은 사람들 중에서 가장 으뜸이고,

而實無不來, 是故名阿那含".
이 실 무 불 래   시 고 명 아 나 함

[부처님]

"須菩提! 於意云何?
수 보 리   어 의 운 하

阿羅漢能作是念:
아 라 한 능 작 시 념

我得阿羅漢道不?"
아 득 아 라 한 도 부

須菩提言:
수 보 리 언

"不也, 世尊!
불 야   세 존

何以故? 實無有法, 名阿羅漢。
하 이 고   실 무 유 법   명 아 라 한

世尊!
세 존

若阿羅漢作是念: 我得阿羅漢道,
약 아 라 한 작 시 념   아 득 아 라 한 도

卽爲着我、人、衆生、壽者。
즉 위 착 아   인   중 생   수 자

世尊! 佛說:
세 존   불 설

'我得無諍三昧人中, 最爲第一;
아 득 무 쟁 삼 매 인 중   최 위 제 일

욕심을 떠난 제일의 아라한이다.'라고 말씀하셨습니다만,

세존이시여!

저는 '내가 욕심을 떠난 아라한이다.'

이런 생각은 하지 않습니다.

세존이시여!

제가 만약 '나는 아라한의 경지를 얻었다.'

이런 생각을 했다면,

세존께서 '수보리야말로 아란나 수행을 즐기는

사람이로다!'라고 말씀하지 않았을 것입니다.

저 수보리는 실로 그런 수행을 한 바가 없사오며

이름이 수보리일 따름이며

아란나 수행을 즐길 뿐이옵나이다."

是第一離欲阿羅漢’。
시 제 일 이 욕 아 라 한

世尊!
세 존

我不作是念: ‘我是離欲阿羅漢’。
아 부 작 시 념   아 시 이 욕 아 라 한

世尊!
세 존

我若作是念: ‘我得阿羅漢道’,
아 약 작 시 념   아 득 아 라 한 도

世尊, 卽不說:
세 존   즉 불 설

　　　‘須菩提是樂阿蘭那行者’。
　　　수 보 리 시 요 아 란 나 행 자

以須菩提實無所行,
이 수 보 리 실 무 소 행

而名須菩提,
이 명 수 보 리

是樂阿蘭那行”。
시 요 아 란 나 행

제 10 분

불국토 장엄하다

부처님께서 수보리에게 말씀하셨습니다.

"어떻게 생각하느냐?

내가 전생에 연등부처님 처소에 있었을 때

어떤 깨달음을 얻은 바가 있느냐?"

[수보리]

"없사옵니다. 세존이시여!

여래께서 연등부처님 처소에 계실 때

실로 어떤 깨달음을 얻은 바가 없습니다."

[부처님]

"수보리야! 어떻게 생각하느냐?

보살이 불국토를 장엄하느냐?"

[수보리]

"아니옵니다. 세존이시여!

莊嚴淨土
장 엄 정 토

佛告須菩提:
불 고 수 보 리

　"於意云何? 如來昔在燃燈佛所,
　　어 의 운 하 　여 래 석 재 연 등 불 소

　於法有所得不?"
　어 법 유 소 득 부

[수보리]

　"不也, 世尊! 如來在燃燈佛所,
　　불 야 세 존 　여 래 재 연 등 불 소

　於法實無所得"。
　어 법 실 무 소 득

[부처님]

　"須菩提! 於意云何?
　　수 보 리 　어 의 운 하

　菩薩莊嚴佛土不?"
　보 살 장 엄 불 토 부

[수보리]

　"不也, 世尊!
　　불 야 세 존

왜냐하면, 불국토를 장엄한다는 것은

정녕 '장엄'이란 실체가 아니라 그 이름이 '장엄'일

뿐이기 때문입니다."

[부처님]

"그러므로 수보리야!

모든 보살마하살은 응당 이와 같이 맑고 깨끗한

마음을 내어야 하느니라.

응당 어떤 모양에 머물지 말고 마음을 낼 것이며

소리나 향기나 입맛이나 촉감이나 관념에도 머물지

아니하고 마음을 내어야 할지니라.

마땅히 어떤 것에도 머무른 바 없는

본연의 마음을 내어야 하느니라.

수보리야!

비유컨대 어떤 사람의 몸이 수미산만큼 크다면,

何以故? 莊嚴佛土者,
하 이 고　장 엄 불 토 자

卽非莊嚴,
즉 비 장 엄

是名莊嚴".
시 명 장 엄

[부처님]

"是故, 須菩提!
시 고　수 보 리

諸菩薩摩訶薩, 應如是生淸淨心。
제 보 살 마 하 살　응 여 시 생 청 정 심

不應住色生心;
불 응 주 색 생 심

不應住聲、香、味、觸、法生心。
불 응 주 성　향　미　촉　법 생 심

應無所住, 而生其心。
응 무 소 주　이 생 기 심

須菩提!
수 보 리

譬如有人,
비 여 유 인

身如須彌山王,
신 여 수 미 산 왕

어떻게 생각하느냐?

그의 몸집이 크다고 하겠느냐?"

수보리가 말하였습니다.

"대단히 크옵니다. 세존이시여!

왜냐하면, 부처님께서 말씀하신 것은

실제의 몸이 아니라,

그 이름이 '큰 몸'일 뿐이기 때문입니다."

於意云何? 是身爲大不?"
어 의 운 하   시 신 위 대 부

須菩提言:
수 보 리 언

"甚大, 世尊!
심 대   세 존

何以故? 佛說非身,
하 이 고   불 설 비 신

是名大身"。
시 명 대 신

제 11 분

없음의 복이 낫다

[부처님]

"수보리야!

'갠지스 강 가운데 있는 모든 모래알의 수,

그 수만큼 갠지스 강이 더 있다.'고 한다면

어떻게 생각하느냐?

그 수많은 갠지스 강에 있는 모래알은

과연 많겠느냐?"

수보리가 말하였습니다.

"대단히 많습니다. 세존이시여!

단지 여러 갠지스 강의 수가 너무 많아

이루 헤아릴 수 없는데,

하물며 그 모래알의 수는

더 말할 나위 없겠나이다."

無爲福勝
무 위 복 승

[부처님]

"須菩提!
수 보 리

如恒河中所有沙數,
여 항 하 중 소 유 사 수

如是沙等恒河,
여 시 사 등 항 하

於意云何?
어 의 운 하

是諸恒河沙, 寧爲多不?"
시 제 항 하 사   영 위 다 부

須菩提言:
수 보 리 언

"甚多, 世尊!
심 다   세 존

但諸恒河, 尙多無數,
단 제 항 하   상 다 무 수

何況其沙?"
하 황 기 사

[부처님]

"수보리야!

내가 이제 진실한 말을 그대에게 알려 주겠노라!

만약 어떤 선남자 선여인이

갠지스 강 모래알만큼 많은 삼천대천세계를

가득 채울만한 금은보화로 보시한다면,

그가 얻을 복덕이 많겠느냐?"

수보리가 말하였습니다.

"참으로 많습니다. 세존이시여!"

부처님께서 수보리에게 말씀하셨습니다.

"만약 어떤 선남자 선여인이 이 경전 가운데 일부

혹은 사구게 등이라도 받아 지니거나

다른 사람에게 말해 준다면,

그의 복덕이 앞사람의 복덕보다 훨씬 더 많으리라!"

[부처님]

"須菩提!
수 보 리

我今, 實言告汝!
아 금 실 언 고 여

若有善男子、善女人,
약 유 선 남 자 선 여 인

以七寶滿爾所恒河沙數三千大千世界,
이 칠 보 만 이 소 항 하 사 수 삼 천 대 천 세 계

以用布施, 得福多不?"
이 용 보 시 득 복 다 부

須菩提言:
수 보 리 언

"甚多, 世尊!"
심 다 세 존

佛告須菩提:
불 고 수 보 리

"若善男子、善女人, 於此經中,
약 선 남 자 선 여 인 어 차 경 중

乃至受持四句偈等,
내 지 수 지 사 구 게 등

爲他人說, 而此福德, 勝前福德!"
위 타 인 설 이 차 복 덕 승 전 복 덕

세 12 분

가르침 존중하라

[부처님]

"또한, 수보리야!

어디서나 이 경전 전체 혹은 사구게 등이라도

말하라!

마땅히 알지어다.

그러한 곳은 일체 세간의 하늘, 인간

그리고 아수라까지도

모두 응당 공양하기를 마치 불탑이나 사원이 있는 곳

같이 하리라!

하물며 어떤 사람이 이 경전 전체를 능히 받들어

독송한다면 더 말할 나위가 없겠노라!

尊重正教
존 중 정 교

[부처님]

"復次, 須菩提!
　부차　　수보리

隨說是經, 乃至四句偈等!
수 설 시 경　　내 지 사 구 게 등

當知此處,
당 지 차 처

一切世間, 天、人、阿修羅,
일 체 세 간　천　인　아 수 라

皆應供養如佛塔廟!
개 응 공 양 여 불 탑 묘

何況有人盡能受持讀誦!
하 황 유 인 진 능 수 지 독 송

수보리야! 마땅히 알라!

이 사람의 성취는 최상이자 가장 희유한 깨달음이로다!

만약 이 경전이 있는 곳이라면

바로 부처가 있고,

존중 받는 제자가 있는 곳같이 되리라!"

須菩提, 當知!
수보리 .당지

是人成就最上, 第一希有之法。
시 인 성 취 최 상   제 일 희 유 지 법

若是經典所在之處,
약 시 경 전 소 재 지 처

卽爲有佛,
즉 위 유 불 ,

若尊重弟子!"
약 존 중 제 자

제 13 분

참되게 받들어라

이 때, 수보리가 부처님께 말씀드렸습니다.

　"세존이시여, 이 경전을 마땅히 무엇이라

　이름하오리까?

　우리가 어떻게 받들어야 하오리까?"

부처님께서 수보리에게 말씀하셨습니다.

　"이 경전의 이름을 '금강반야바라밀'이라 하라!

　그대들이여,

　마땅히 이 이름으로 받들지어다.

　왜냐하면, 수보리야!

　내가 말한 '반야바라밀'은 정녕 반야바라밀이라는

　실체가 아니라

　그 이름이 '반야바라밀'일 뿐이기 때문이니라.

　수보리야! 어떻게 생각하느냐?

第13分

如法受持
여 법 수 지

爾時, 須菩提白佛言:
이 시 수 보 리 백 불 언

"世尊! 當何名此經?
세 존 당 하 명 차 경

我等云何奉持?"
아 등 운 하 봉 지

佛告須菩提:
불 고 수 보 리

"是經名爲金剛般若波羅蜜。
시 경 명 위 금 강 반 야 바 라 밀

以是名字, 汝當奉持。
이 시 명 자 여 당 봉 지

所以者何? 須菩提!
소 이 자 하 수 보 리

佛說般若波羅蜜, 卽非般若波羅蜜,
불 설 반 야 바 라 밀 즉 비 반 야 바 라 밀

是名般若波羅蜜。
시 명 반 야 바 라 밀

須菩提! 於意云何?
수 보 리 어 의 운 하

네기 이떤 실체를 말힌 바가 있느냐?"

수보리가 부처님께 말씀드렸습니다.

"세존이시여! 여래께서 말씀하신 바가 없사옵니다."

[부처님]

"수보리야! 어떻게 생각하느냐?

삼천대천세계에 있는 모든 먼지,

그것이 많다 하겠느냐?"

수보리가 말하였습니다.

"대단히 많사옵니다. 세존이시여!"

[부처님]

"수보리야!

모든 먼지, 내가 말하는 그것은

'먼지'란 실상이 아니라

이름이 '먼지'일 따름이니라.

내가 말하는 세계는 세계라는 실상이 아니라,

이름이 '세계'일 따름이니라.

如來有所說法不?"
여래유소설법부

須菩提白佛言:
수보리백불언

"世尊! 如來無所說"。
세존 여래무소설

[부처님]

"須菩提! 於意云何?
수보리 어의운하

三千大千世界所有微塵, 是爲多不?"
삼천대천세계소유미진 시위다부

須菩提言:
수보리언

"甚多, 世尊!"
심다 세존

[부처님]

"須菩提!
수보리

諸微塵, 如來說,
제미진 여래설

非微塵, 是名微塵。
비미진 시명미진

如來說世界, 非世界,
여래설세계 비세계

是名世界。
시명세계

수보리야! 어떻게 생각하느냐?

서른두 가지 모습으로 여래를 알 수 있겠느냐?"

[수보리]

"없사옵니다. 세존이시여! 서른두 가지 모습으로 여래를
알 수 없습니다.

왜냐하면, 여래께서 말씀하신 '서른두 가지 모습'은

곧 실상의 '모습'이 아니라

그 이름이 '서른두 가지 모습'일 뿐이기 때문입니다."

[부처님]

"수보리야!

만약 선남자 선여인이

갠지스 강에 있는 모래알만큼 많은 목숨을 바쳐

보시하더라도

만약 다시 어떤 사람이 이 경전 가운데 일부

혹은 사구게 등이라도 받들거나

남에게 말해 준다면, 그의 복이 훨씬 더 많으리라."

須菩提! 於意云何?
수 보 리   어 의 운 하

可以三十二相, 見如來不?"
가 이 삼 십 이 상   견 여 래 부

[수보리]

"不也, 世尊!
불 야   세 존

不可以三十二相, 得見如來。
불 가 이 삼 십 이 상   득 견 여 래

何以故? 如來說三十二相,
하 이 고   여 래 설 삼 십 이 상

卽是非相, 是名三十二相"。
즉 시 비 상   시 명 삼 십 이 상

[부처님]

"須菩提!
수 보 리

若有善男子、善女人,
약 유 선 남 자   선 여 인

以恒河沙等身命布施,
이 항 하 사 등 신 명 보 시

若復有人, 於此經中,
약 부 유 인   어 차 경 중

乃至受持四句偈等,
내 지 수 지 사 구 게 등

爲他人說, 其福甚多"。
위 타 인 설   기 복 심 다

제 14 분

집착을 떠난 평온

그때 수보리가 이 경전을 듣고 속뜻을 깊이 깨달아

감격의 눈물을 흘리며 부처님께 아뢰었습니다.

"희유하옵나이다. 세존이시여!

부처님 말씀은 참으로 깊고도

오묘한 경전입니다.

제가 옛적부터 터득한 혜안으로 보건대,

이처럼 오묘한 경전은 일찍이 들은 적이 없습니다.

세존이시여! 만약 다시 어떤 사람이

이 경전을 들으면, 믿는 마음이 맑고 깨끗하여

실상이 생길 것입니다.

마땅히 알겠나이다.

이 사람은 가장 경이로운 공덕을 성취할 것입니다.

세존이시여! '실상'이라는 것은 바로 어떤 모습이

第14分

離相寂滅
이 상 적 멸

爾是, 須菩提聞說是經, 深解義趣,
이 시 수 보 리 문 설 시 경 심 해 의 취

涕淚悲泣, 而白佛言:
체 루 비 읍 이 백 불 언

"希有, 世尊!
희 유 세 존

佛說如是甚深經典。
불 설 여 시 심 심 경 전

我從昔來, 所得慧眼,
아 종 석 래 소 득 혜 안

未曾得聞, 如是之經。
미 증 득 문 여 시 지 경

世尊! 若復有人, 得聞是經,
세 존 약 부 유 인 득 문 시 경

信心淸淨, 卽生實相。
신 심 청 정 즉 생 실 상

當知是人, 成就第一, 希有功德。
당 지 시 인 성 취 제 일 희 유 공 덕

世尊! 是實相者, 卽是非相,
세 존 시 실 상 자 즉 시 비 상

제
14
분

69

아니므로,

여래께서 실상이라 이름하여 말씀하실 뿐입니다.

세존이시여! 제가 지금 이 경전을 믿어

풀이하여 받드는 것은 그다지 어렵지 않습니다.

만약 다음 세상 2,500년 뒤에 어떤 중생이 나타나

이 경전을 듣고 믿어 풀이하여 받든다면,

이 사람이야말로 바로 가장 희유할 것입니다.

왜냐하면, 이 사람은

나만을 생각하는 '아상',

나와 남을 차별하는 '인상',

나는 중생이라 여기는 '중생상',

나는 오래 산다는 '수자상',

이런 네 가지 망상이 없게 될 것이기 때문입니다.

까닭이 무엇인가 하오면,

'아상'은 곧 실상이 아니며

'인상'과 '중생상'과 '수자상'도 곧 실상이 아니기

때문입니다.

是故如來, 說名實相。
시 고 여 래 설 명 실 상

世尊! 我今得聞, 如是經典,
세 존 아 금 득 문 여 시 경 전

信解受持, 不足爲難;
신 해 수 지 부 족 위 난

若當來世, 後五百歲, 其有衆生,
약 당 래 세 후 오 백 세 기 유 중 생

得聞是經, 信解受持,
득 문 시 경 신 해 수 지

是人卽爲, 第一希有!
시 인 즉 위 제 일 희 유

何以故?
하 이 고

此人無我相,
차 인 무 아 상

無人相, 無衆生相, 無壽者相。
무 인 상 무 중 생 상 무 수 자 상

所以者何?
소 이 자 하

我相, 卽是非相,
아 상 즉 시 비 상

人相、衆生相、壽者相, 卽是非相
인 상 중 생 상 수 자 상 즉 시 비 상

왜냐하면, 일체의 모든 망상을 버려야,

정녕 부처라 이름할 수 있기 때문입니다.”

부처님께서 수보리에게 말씀하셨습니다.

“그렇다, 그러하도다!

만약 어떤 사람이 이 경을 듣고

놀라지 아니하고 떨지도 아니하고 두려워하지도

아니한다면,

마땅히 알라! 이 사람이 참으로 희유할 것이니라.

왜냐하면, 수보리야!

내가 말하는 ‘제일바라밀’은 정녕 제일바라밀이란

실체가 아니라

그 이름이 ‘제일바라밀’일 뿐이니라.

수보리야!

인욕바라밀! 내가 말하는 그것은 인욕바라밀이란

실체가 아니라

그 이름이 ‘인욕바라밀’일 뿐이니라.

何以故? 離一切諸相, 卽名諸佛"。
하 이 고　이 일 체 제 상　즉 명 제 불

佛告須菩提:
불 고 수 보 리

"如是, 如是!
여 시　여 시

若復有人, 得聞是經, 不驚、不怖、
약 부 유 인　득 문 시 경　불 경　불 포

不畏, 當知是人, 甚爲希有。
불 외　당 지 시 인　심 위 희 유

何以故? 須菩提!
하 이 고　수 보 리

如來說第一波羅蜜,
여 래 설 제 일 바 라 밀

卽非第一波羅蜜, 是名第一波羅蜜。
즉 비 제 일 바 라 밀　시 명 제 일 바 라 밀

須菩提!
수 보 리

忍辱波羅蜜! 如來說,
인 욕 바 라 밀　여 래 설

非忍辱波羅蜜,
비 인 욕 바 라 밀

是名忍辱波羅蜜。
시 명 인 욕 바 라 밀

왜냐하면, 수보리야!

이를테면 내가 전생에 가리왕에 의하여 몸이 베이고

찢기던 그 때에 나는

'나'만을 생각하는 망상이 없었고,

나와 '남'을 차별하는 망상이 없었고,

나는 '중생'이라 여기는 망상이 없었고,

나는 '오래 산다'는 망상도 없었기 때문이니라.

왜냐하면,

내가 지난 옛적, 몸이 마디마디 찢겨질 그때에

만약 내가

'나'만을 생각하는 망상,

나와 '남'을 차별하는 망상,

나는 '중생'이라 여기는 망상,

나는 '오래 산다'는 망상이 있었다면

마땅히 화를 내고 원망하였을 것이기 때문이니라.

수보리야!

何以故? 須菩提!
하 이 고　수 보 리

如我昔爲歌利王, 割截身體, 我於爾時,
여 아 석 위 가 리 왕　할 절 신 체　아 어 이 시

無我相,
무 아 상

無人相,
무 인 상

無衆生相,
무 중 생 상

無壽者相。
무 수 자 상

何以故?
하 이 고

我於往昔節, 節支解時,
아 어 왕 석 절　절 지 해 시

若有我相、人相、
약 유 아 상　인 상

　　衆生相、壽者相,
　　중 생 상　수 자 상

　　應生瞋恨。
　　응 생 진 한

須菩提!
수 보 리

또 전생을 돌이켜 보니, 500세대 동안 인욕선인이 된
적이 있었다.

그 세상에 있을 때

'나'만을 생각하는 망상이 없었고,

나와 '남'을 차별하는 망상이 없었고,

나는 '중생'이라 여기는 망상이 없었고,

나는 '오래 산다'는 망상도 없었느니라.

그러므로 수보리야!

보살은 마땅히 일체의 망상에서 벗어나

아뇩다라삼먁삼보리라는 최상의 깨달음을 발심해야

하느니라.

응당 어떤 모양에 머물지 않고 마음을 내어야 하며

    소리, 냄새, 입맛, 촉감, 관념에 머물지

    않는 마음을 내어야 하며

    그 어떤 것에도 머무름이 없는 그런 마음을

    내어야 할지니라.

又念過去, 於五百世, 作忍辱仙人,
우념과거 어오백세 작인욕선인

於爾所世,
어이소세

無我相,
무아상

無人相,
무인상

無衆生相,
무중생상

無壽者相。
무수자상

是故, 須菩提!
시고 수보리

菩薩應離一切相,
보살응리일체상

發阿耨多羅三藐三菩提心。
발아녹다라삼막삼보리심

不應住色生心;
불응주색생심

不應住聲、香、味、觸、法生心;
불응주성 향 미 촉 법생심

應生無所住心。
응생무소주심

만약 마음에 머무름이 있으면

머물지 않도록 해야 하느니라.

그런 까닭에 내가 이렇게 말했느니라.

　'보살은 응당 마음을 어떤 모양에

　집착하지 말고 보시해야 하느니라.'

수보리야!

보살이 일체 중생을 이롭게 하기 위해서는 응당 위와

같이 보시해야 하느니라.

내가 말하노니, 일체의 모든 모습은 정녕 실상이 아니니라.

또 말하노니, 일체의 모든 중생은 정녕 중생이 아니니라.

수보리야!

나는 참다운 말을 하며, 진실한 말을 하며, 진여의 말을

하며, 속이는 말은 하지 아니하며

다른 말은 하지 않느니라.

수보리야! 내가 얻은 깨달음, 그 깨달음은 알찬 것도

없고 헛된 것도 없느니라.

若心有住, 卽爲非住。
약 심 유 주　즉 위 비 주

是故, 佛說:
시 고　불 설

'菩薩心不應住色布施'。
보 살 심 불 응 주 색 보 시

須菩提!
수 보 리

菩薩爲利益一切衆生, 應如是布施。
보 살 위 이 익 일 체 중 생　응 여 시 보 시

如來說:
여 래 설

'一切諸相, 卽是非相';
일 체 제 상　즉 시 비 상

又說:
우 설

'一切衆生, 卽非衆生'。
일 체 중 생　즉 비 중 생

須菩提!
수 보 리

如來是眞語者、實語者、如語者、
여 래 시 진 어 자　실 어 자　여 어 자

不誑語者、不異語者。
불 광 어 자　불 이 어 자

須菩提! 如來所得法, 此法無實無虛。
수 보 리　여 래 소 득 법　차 법 무 실 무 허

수보리야!

만약 보살이 마음을 어떤 관념에 머물며 보시하는 것은,

　　마치 어떤 사람이 캄캄한 곳에 들어가서 아무것도

　　볼 수 없는 것과 같으니라.

만약 보살이 마음을 어떤 관념에 머물지 않고

보시하는 것은,

　　마치 사람에게 밝은 눈이 있고 햇살도 밝게 비쳐서

　　온갖 물체를 다 잘 볼 수 있는 것과 같으니라.

수보리야!

앞으로 다가올 세상에 만약 선남자 선여인이

능히 이 경을 받들어 독송한다면,

여래인 내가 부처의 지혜로

그 사람을 다 알고

그 사람을 다 보나니,

그들 모두 무량무변한 공덕을 성취하리라."

須菩提!
수 보 리

若菩薩, 心住於法, 而行布施,
약 보 살 　 심 주 어 법 　 이 행 보 시

如人入闇, 卽無所見。
여 인 입 암 　 즉 무 소 견

若菩薩, 心不住法, 而行布施,
약 보 살 　 심 부 주 법 　 이 행 보 시

如人有目, 日光明照,
여 인 유 목 　 일 광 명 조

見種種色。
견 종 종 색

須菩提!
수 보 리

當來之世, 若有善男子、善女人,
당 래 지 세 　 약 유 선 남 자 　 선 여 인

能於此經, 受持讀誦, 卽爲如來,
능 어 차 경 　 수 지 독 송 　 즉 위 여 래

以佛智慧,
이 불 지 혜

悉知是人, 悉見是人,
실 지 시 인 　 실 견 시 인

皆得成就無量無邊功德。"
개 득 성 취 무 량 무 변 공 덕

제 15 분

금강경 지닌 공덕

[부처님]

"수보리야! 만약 선남자 선여인이

아침 나절에 갠지스 강의 모래알만큼 많은 몸으로

보시하고,

점심 나절에 다시 갠지스 강의 모래알만큼 많은

몸으로 보시하고,

저녁 나절에도 갠지스 강의 모래알만큼 많은 몸으로

보시하기를

헤아릴 수 없는 백천만 억겁 동안, 이렇게 몸으로

보시하더라도

만약 다시 어떤 선남자 선여인이 이 경전을 듣고 믿는

마음에 어김이 없으면,

그의 복덕이 앞 사람을 훨씬 능가하거늘,

持經功德
지 경 공 덕

[부처님]

"須菩提!
수 보 리

若有善男子、善女人,
약 유 선 남 자   선 여 인

初日分, 以恒河沙等身布施;
초 일 분   이 항 하 사 등 신 보 시

中日分, 復以恒河沙等身布施;
중 일 분   부 이 항 하 사 등 신 보 시

後日分, 亦以恒河沙等身布施;
후 일 분   역 이 항 하 사 등 신 보 시

如是無量百千萬億劫, 以身布施。
여 시 무 량 백 천 만 억 겁   이 신 보 시

若復有人, 聞此經典,
약 부 유 인   문 차 경 전

信心不逆, 其福勝彼;
신 심 불 역   기 복 승 피

하물며 사경하고 수지하고 독송하여 남에게 해설해

주는 사람이야 더 말할 나위가 없겠노라!

수보리야!

요약해서 말하자면, 이 경은 상상할 수도 없고

무게를 달거나 양을 헤아릴 수도 없고

끝도 없는 공덕이 있느니라.

여래는 대승의 마음을 낸 사람들을 위하여 이 경을

설하고 최상승의 마음을 낸 사람들을 위하여

이 경을 설하노라.

만일 어떤 사람이

능히 이 경을 받들어 독송하여 널리 많은 사람에게

해설해 준다면,

여래는 그런 사람을 다 알며

      그런 사람을 다 보나니

何況書寫, 受持讀誦, 爲人解說!
하 황 서 사   수 지 독 송   위 인 해 설

須菩提!
수 보 리

以要言之,
이 요 언 지

是經有不可思議、
시 경 유 불 가 사 의

不可稱量、
불 가 칭 량

無邊功德。
무 변 공 덕

如來爲發大乘者說,
여 래 위 발 대 승 자 설

爲發最上乘者說。
위 발 최 상 승 자 설

若有人能受持讀誦, 廣爲人說,
약 유 인 능 수 지 독 송   광 위 인 설

如來, 悉知是人,
여 래   실 지 시 인

悉見是人,
실 견 시 인

그들 모두는 양을 헤아릴 수 없고,

무게를 달 수 없고, 끝도 없고,

상상조차 할 수 없는 공덕을 성취하리라.

그러한 사람들은 바로

여래의 아뇩다라삼먁삼보리라는 최상의 깨달음을

짊어지게 되리라.

왜냐하면, 수보리야!

만약 작은 깨달음에 도취되면

'나'만을 생각하는 고집,

나와 '남'을 차별하는 고집,

나는 '중생'이라 여기는 고집,

나는 '오래 산다'는 고집에 사로잡히고

이 경을 듣고 받고 읽고 외워도

남에게 해설해 줄 수 없느니라.

수보리야!

皆得成就, 不可量、
개 득 성 취   불 가 량

不可稱、
불 가 칭

無有邊, 不可思議功德。
무 유 변   불 가 사 의 공 덕

如是人等,
여 시 인 등

卽爲荷擔如來阿耨多羅三藐三菩提。
즉 위 하 담 여 래 아 녹 다 라 삼 막 삼 보 리

何以故? 須菩提!
하 이 고   수 보 리

若樂小法者,
약 요 소 법 자

着我見、人見、衆生見、壽者見,
착 아 견   인 견   중 생 견   수 자 견

卽於此經,
즉 어 차 경

不能聽受讀誦, 爲人解說。
불 능 청 수 독 송   위 인 해 설

須菩提!
수 보 리

어느 곳에나 만약 이 경이 있으면,

일체 세간의 하늘, 인간 그리고 아수라까지도 반드시

공양하게 될지니라.

마땅히 알라!

그 곳은 바로 탑이 되고

모두가 반드시 공경하고

예를 갖추어 주위를 돌고

가지가지 꽃과 향을 그곳에 뿌릴 것이니라."

在在處處, 若有此經,
재 재 처 처　약 유 차 경

一切世間, 天、人、阿修羅, 所應供養。
일 체 세 간　천　인　아 수 라　소 응 공 양

當知此處,
당 지 차 처

卽爲是塔,
즉 위 시 탑

皆應恭敬,
개 응 공 경

作禮圍繞,
작 례 위 요

以諸華香,
이 제 화 향

而散其處"。
이 산 기 처

업장을 맑게 하라

[부처님]

"또한 수보리야!

선남자 선여인이 이 경을 받들어 독송함으로 인하여

만약 다른 사람에게 업신여김을 당한다면,

이 사람이 전생의 죄업으로는 응당 삼악도에

떨어질 것이지만

금생에 남에게 업신여김을 당한 까닭에

전생의 죄업이 바로 소멸되고

반드시 아뇩다라삼먁삼보리라는 최상의 깨달음을

얻게 되리라.

수보리야!

내가 생각해 보니 과거 한량없는 아승지겁 동안 연등

부처님을 뵙기 이전에 이미

第 16 分

能淨業障
능 정 업 장

[부처님]

"復次, 須菩提!
부차 수보리

善男子、善女人, 受持讀誦此經,
선남자 선여인 수지독송차경

若爲人輕賤,
약위인경천

是人先世罪業, 應墮惡道,
시인선세죄업 응타악도

以今世人輕賤故,
이금세인경천고

先世罪業, 卽爲消滅,
선세죄업 즉위소멸

當得阿耨多羅三藐三菩提。
당득아녹다라삼막삼보리

須菩提!
수보리

我念過去無量阿僧祇劫, 於燃燈佛前,
아념과거무량아승지겁 어연등불전

8백 4천 니유디의 수많은 부처님들을 만나 뵙고

모두 공양하고 받들어 모시기를

한 분도 빠트리거나 그냥 지나치지 아니하였느니라.

만약 다시 어떤 사람이 이 다음 세상에

능히 이 경을 받들어 독송하여 얻는 공덕에 비하면,

내가 모든 부처를 공양해서 얻은 공덕은

그것의 100분의 1도 미치지 못하며

천만 억분 혹은 그 어떤 숫자나 비유로도 그에게

미칠 수 없느니라.

수보리야!

만약 이 다음 세상의 선남자 선여인 가운데 누가

이 경을 받들어 독송함으로써

얻을 공덕을 내가 일일이 다 말한다면,

혹 어떤 사람은 듣고 마음이 산란하여 의심하며 믿지

아니할 것이다.

수보리야!

得値八百四千萬億那由他諸佛,
득 치 팔 백 사 천 만 억 나 유 타 제 불

悉皆供養承事, 無空過者。
실 개 공 양 승 사 무 공 과 자

若復有人, 於後末世,
약 부 유 인 어 후 말 세

能受持讀誦此經, 所得功德,
능 수 지 독 송 차 경 소 득 공 덕

於我所供養諸佛功德, 百分不及一,
어 아 소 공 양 제 불 공 덕 백 분 불 급 일

千萬億分, 乃至算數譬喻, 所不能及。
천 만 억 분 내 지 산 수 비 유 소 불 능 급

須菩提!
수 보 리

若善男子、善女人, 於後末世,
약 선 남 자 선 여 인 어 후 말 세

有受持讀誦此經,
유 수 지 독 송 차 경

所得功德, 我若具說者,
소 득 공 덕 아 약 구 설 자

或有人聞, 心卽狂亂, 狐疑不信。
혹 유 인 문 심 즉 광 란 호 의 불 신

須菩提!
수 보 리

마땅히 일라! 이 경의 속뜻은 불가사의하고

그 과보 또한 불가사의할 것이다."

當知, 是經義不可思議;
당지 시경의불가사의

果報亦不可思議"。
과보역불가사의

제 17 분

무아를 통달하라

이 때 수보리가 부처님께 말씀드렸습니다.

"세존이시여!

선남자 선여인이 아뇩다라삼먁삼보리라는 최상의

깨달음을 발심하면,

바른 마음을 어디에 머물러야 하며

삿된 마음을 어떻게 항복받아야 하오리까?"

부처님께서 수보리에게 말씀하셨습니다.

"만약 선남자 선여인이

아뇩다라삼먁삼보리라는 최상의 깨달음을 일으키면,

마땅히 다음과 같은 마음을 내어야 할지니라.

내가 응당 일체 중생을 멸도하겠노라!

일체 중생의 멸도를 마쳤으나

究竟無我
구 경 무 아

爾時, 須菩提白佛言:
이시 수보리백불언

"世尊! 善男子、善女人,
세존 선남자 선여인

發阿耨多羅三藐三菩提心,
발아뇩다라삼막삼보리심

云何應住? 云何降伏其心?"
운하응주 운하항복기심

佛告須菩提:
불고수보리

若善男子、善女人,
약선남자 선여인

發阿耨多羅三藐三菩提心者,
발아뇩다라삼막삼보리심자

當生如是心:
당생여시심

我應滅度一切衆生!
아응멸도일체중생

滅度一切衆生已,
멸도일체중생이

실로 멸도를 받은 중생은 한 명도 없도다.

왜냐하면, 수보리야!

만약 보살이

'나'만을 생각하는 망상,

나와 '남'을 차별하는 망상,

나는 '중생'이라 여기는 망상,

나는 '오래 산다'는 망상이 있으면

정녕 보살이 아니기 때문이니라.

까닭이 뭔가 하면? 수보리야!

실로 어떤 실체가 있어서

아뇩다라삼먁삼보리라는 최상의 깨달음을 발심한

사람은 없기 때문이니라.

수보리야! 어떻게 생각하느냐?

내가 전생에 연등부처님 처소에 있을 때

어떤 실체가 있어서 아뇩다라삼먁삼보리라는 최상의

깨달음을 얻었느냐?"

而無有一衆生實滅度者。
이 무 유 일 중 생 실 멸 도 자

何以故? 須菩提!
하 이 고　수 보 리

若菩薩有我相、
약 보 살 유 아 상

人相、
인 상

衆生相、
중 생 상

壽者相,
수 자 상

卽非菩薩。
즉 비 보 살

所以者何? 須菩提!
소 이 자 하　수 보 리

實無有法,
실 무 유 법

發阿耨多羅三藐三菩提心者。
발 아 녹 다 라 삼 막 삼 보 리 심 자

須菩提! 於意云何?
수 보 리　어 의 운 하

如來於燃燈佛所,
여 래 어 연 등 불 소

有法得阿耨多羅三藐三菩提不?"
유 법 득 아 녹 다 라 삼 막 삼 보 리 부

[수보리]

"아니옵니다. 세존이시여!

세존께서 말씀하신 속뜻을 제가 풀이해보자면,

세존께서 연등부처님 처소에 계실 때

어떤 실체가 있어서

아뇩다라삼먁삼보리라는 최상의 깨달음을 얻은 것은

아닙니다."

부처님께서 말씀하셨습니다.

"그렇다, 그러하도다!

수보리야! 실로 어떤 실체가 있어서

내가 아뇩다라삼먁삼보리라는 최상의 깨달음을 얻은

것은 아니니라.

수보리야!

만약 어떤 실체가 있어서

내가 아뇩다라삼먁삼보리라는 최상의 깨달음을

얻었다면,

[수보리]

"不也, 世尊!
불야 세존

如我解佛所說義,
여아해불소설의

佛於燃燈佛所,
불어연등불소

無有法得阿耨多羅三藐三菩提"。
무유법득아뇩다라삼먁삼보리

佛言:
불언

"如是! 如是!
여시 여시

須菩提! 實無有法,
수보리 실무유법

如來得阿耨多羅三藐三菩提。
여래득아뇩다라삼먁삼보리

須菩提!
수보리

若有法, 如來得阿耨多羅三藐三菩提者,
약유법 여래득아뇩다라삼먁삼보리자

연등부처님께서 이런 수기를 나에게 주지 않았을 것이다.

　'그대는 다음 세상에 반드시 부처가 될 것이며

　　석가모니라고 불릴 것이다.'

실로 어떤 실체가 있어서

아뇩다라삼먁삼보리라는 최상의 깨달음을 얻은 것은

아니니라.

그러므로 연등부처님께서 나에게 수기를 주면서

이렇게 말씀하셨느니라.

　'그대는 다음 세상에 반드시 부처가 될 것이며

　　석가모니라고 불릴 것이다.'

왜냐하면, '같을 여(如)'자를 써서 나를 여래라고 부르는 것은,

바로 모든 실체가 다 '같다'는 뜻이기 때문이니라.

만약 어떤 사람이 '여래가 아뇩다라삼먁삼보리를

깨달았다.'라고 말하더라도,

수보리야!

燃燈佛, 卽不與我授記:
연 등 불 즉 불 여 아 수 기

　　'汝於來世, 當得作佛, 號釋迦牟尼'.
　　여 어 래 세 당 득 작 불 호 석 가 모 니

以實無有法, 得阿耨多羅三藐三菩提,
이 실 무 유 법 득 아 뇩 다 라 삼 먁 삼 보 리

是故, 燃燈佛與我授記, 作是言:
시 고 연 등 불 여 아 수 기 작 시 언

　　'汝於來世, 當得作佛, 號釋迦牟尼'.
　　여 어 래 세 당 득 작 불 호 석 가 모 니

何以故? 如來者, 卽諸法如義.
하 이 고 여 래 자 즉 제 법 여 의

若有人言:
약 유 인 언

　　'如來得阿耨多羅三藐三菩提',
　　여 래 득 아 뇩 다 라 삼 먁 삼 보 리

須菩提!
수 보 리

실로 어떤 실체가 있어서

내가 아뇩다라삼먁삼보리라는 최상의 깨달음을 얻은

것은 아니란다.

수보리야!

내가 얻은 바 아뇩다라삼먁삼보리라는 최상의 깨달음은

그 가운데 알찬 것도 없고 헛된 것도 없느니라.

그러므로 나는 이렇게 말하노라.

　　'모든 깨달음은 부처의 깨달음이다.'

수보리야!

이른바 모든 깨달음이라는 것은

정녕 모든 깨달음이 아니라

'모든 깨달음'이라 이름하였을 뿐이니라.

수보리야!

비유하자면 '어떤 사람의 몸집이 크다'라고 하는 것과

같으니라."

實無有法, 佛得阿耨多羅三藐三菩提。
실 무 유 법 불 득 아 녹 다 라 삼 먁 삼 보 리

須菩提!
수 보 리

如來所得阿耨多羅三藐三菩提,
여 래 소 득 아 녹 다 라 삼 먁 삼 보 리

於是中無實無虛。
어 시 중 무 실 무 허

是故, 如來說:
시 고 여 래 설

　　'一切法, 皆是佛法'。
　　　일 체 법 개 시 불 법

須菩提!
수 보 리

所言一切法者, 卽非一切法,
소 언 일 체 법 자 즉 비 일 체 법

是故名一切法。
시 고 명 일 체 법

須菩提!
수 보 리

譬如人身長大"。
비 여 인 신 장 대

수보리가 말하였습니다.

"세존이시여!

여래께서 '어떤 사람의 몸집이 크다'라고 말씀하신

것은 바로 '큰 몸'이란 실체가 아니라

그것을 '큰 몸'이라 이름하였을 따름입니다."

[부처님]

"수보리야!

보살 또한 이와 같으니라.

만약 '내가 반드시 무량 중생을 멸도하리라!'고 말한다면,

'보살'이라 이름할 수 없느니라.

왜냐하면, 수보리야!

실로 어떤 실체가 있어서 '보살'이라 이름한 것은 아니기

때문이니라.

그러므로 나는 이렇게 말하노라.

　'모든 실체는 나도 없으며

須菩提言:
수 보 리 언

"世尊! 如來說人身長大,
세 존   여 래 설 인 신 장 대

即爲非大身,
즉 위 비 대 신

是名大身".
시 명 대 신

[부처님]

"須菩提!
수 보 리

菩薩亦如是。若作是言:
보 살 역 여 시   약 작 시 언

'我當滅度無量衆生',
아 당 멸 도 무 량 중 생

即不名菩薩。
즉 불 명 보 살

何以故? 須菩提!
하 이 고   수 보 리

實無有法, 名爲菩薩。
실 무 유 법   명 위 보 살

是故, 佛說:
시 고   불 설

'一切法, 無我,
일 체 법   무 아

남도 없으며 중생도 없으며

목숨도 없다.'

수보리야!

만약 어떤 보살이 말하기를

'내가 반드시 불국토를 장엄하리라'고 한다면,

그를 '보살'이라 이름할 수 없느니라.

왜냐하면, 내가 말하기를 '불국토를 장엄한다.'라고

하는 것은

정녕 '장엄'이란 실상이 아니라

그것을 '장엄'이라 이름하였을 따름이기 때문이니라.

수보리야!

만약 어떤 보살이 '나는 없다'는 무아의 실체를

통달한다면,

내가 진정한 보살이라 이름하겠노라."

無人, 無衆生, 無壽者'。
무인 무중생 무수자

須菩提!
수 보 리

若菩薩作是言:
약 보 살 작 시 언

'我當莊嚴佛土',
아 당 장 엄 불 토

是不名菩薩。
시 불 명 보 살

何以故?
하 이 고

如來說: '莊嚴佛土'者,
여 래 설 장 엄 불 토 자

卽非壯嚴, 是名莊嚴。
즉 비 장 엄 시 명 장 엄

須菩提!
수 보 리

若菩薩通達無我法者,
약 보 살 통 달 무 아 법 자

如來說名眞是菩薩"。
여 래 설 명 진 시 보 살

제 18 분

하나로 같이 보라

[부처님]

"수보리야! 어떻게 생각하느냐?

여래가 육안이 있느냐?"

[수보리]

"그러하옵니다. 세존이시여!

여래께서는 육안이 있습니다."

[부처님]

"수보리야! 어떻게 생각하느냐?

여래가 천안이 있느냐?"

[수보리]

"그러하옵니다. 세존이시여!

여래께서는 천안이 있습니다."

第 18 分

一體同觀
일 체 동 관

[부처님]

"須菩提! 於意云何?
수 보 리   어 의 운 하

如來有肉眼不?"
여 래 유 육 안 부

[수보리]

"如是, 世尊!
여 시   세 존

如來有肉眼"。
여 래 유 육 안

[부처님]

"須菩提! 於意云何?
수 보 리   어 의 운 하

如來有天眼不?"
여 래 유 천 안 부

[수보리]

"如是, 世尊!
여 시   세 존

如來有天眼"。
여 래 유 천 안

[부처님]

　“수보리야! 어떻게 생각하느냐?

　여래가 혜안이 있느냐?”

[수보리]

　“그러하옵니다. 세존이시여!

　여래께서는 혜안이 있습니다.”

[부처님]

　“수보리야! 어떻게 생각하느냐?

　여래가 법안이 있느냐?”

[수보리]

　“그러하옵니다. 세존이시여!

　여래께서는 법안이 있습니다.”

[부처님]

　“수보리야! 어떻게 생각하느냐?

[부처님]

"須菩提! 於意云何?
수 보 리   어 의 운 하

如來有慧眼不?"
여 래 유 혜 안 부

[수보리]

"如是, 世尊!
여 시   세 존

如來有慧眼"。
여 래 유 혜 안

[부처님]

"須菩提! 於意云何?
수 보 리   어 의 운 하

如來有法眼不?"
여 래 유 법 안 부

[수보리]

"如是, 世尊!
여 시   세 존

如來有法眼"。
여 래 유 법 안

[부처님]

"須菩提! 於意云何?
수 보 리   어 의 운 하

여래가 불안이 있느냐?"

[수보리]

　"그러하옵니다. 세존이시여!

　여래께서 불안이 있습니다."

[부처님]

　"수보리야! 어떻게 생각하느냐?

　갠지스 강에 있는 모든 모래알을 예로 들어서,

　내가 말한 적이 있느냐?"

[수보리]

　"그러하옵니다. 세존이시여!

　여래께서 그 모래에 대해서 말씀하셨습니다."

[부처님]

　"수보리야! 어떻게 생각하느냐?

　갠지스 강에 있는 모래알의 수,

　그 모래알의 수만큼 갠지스 강이 있다면,

如來有佛眼不?"
여 래 유 불 안 부

[수보리]

"如是, 世尊!
여 시 세 존

如來有佛眼".
여 래 유 불 안

[부처님]

"須菩提! 於意云何?
수 보 리 어 의 운 하

如恒河中所有沙,
여 항 하 중 소 유 사

佛說是沙不?"
불 설 시 사 부

[수보리]

"如是, 世尊!
여 시 세 존

如來說是沙".
여 래 설 시 사

[부처님]

"須菩提! 於意云何?
수 보 리 어 의 운 하

如一恒河中所有沙,
여 일 항 하 중 소 유 사

有如是沙等恒河,
유 여 시 사 등 항 하

그 모든 갠지스 강에 있는 모든 모래알의 수만금

불세계가 있다면,

과연 많다고 하겠느냐?"

[수보리]

"대단히 많사옵니다. 세존이시여!"

부처님께서 수보리에게 말씀하셨습니다.

"이 국토에 살고 있는 모든 중생들이 지니고 있는

가지가지 마음을

내가 다 알고 있느니라.

왜냐하면, 내가 말하는 '온갖 마음'은

모두 마음이란 실체가 아니라,

그 이름이 '마음'일 뿐이기 때문이니라.

까닭이 뭔가 하면, 수보리야!

과거의 마음도 얻을 수 없고

현재의 마음도 얻을 수 없고

미래의 마음도 얻을 수 없기 때문이니라."

是諸恒河,
시 제 항 하

所有沙數, 佛世界如是,
소 유 사 수   불 세 계 여 시

寧爲多不?"
영 위 다 부

[수보리]

"甚多, 世尊!"
심 다   세 존

佛告須菩提:
불 고 수 보 리

"爾所國土中, 所有衆生,
이 소 국 토 중   소 유 중 생

若干種心, 如來悉知。
약 간 종 심   여 래 실 지

何以故? 如來說諸心,
하 이 고   여 래 설 제 심

皆爲非心, 是名爲心。
개 위 비 심   시 명 위 심

所以者何? 須菩提!
소 이 자 하   수 보 리

過去心不可得;
과 거 심 불 가 득

現在心不可得;
현 재 심 불 가 득

未來心不可得"。
미 래 심 불 가 득

제 19 분

세상을 두루 밝힘

[부처님]

　"수보리야! 어떻게 생각하느냐?

　만약 어떤 사람이 삼천대천세계를 가득 채울 만큼

　많은 금은보화를 보시에 쓴다면,

　이 사람이 그런 인연으로 얻는 복덕이 많겠느냐?"

[수보리]

　"그렇사옵니다. 세존이시여!

　이 사람이 그런 인연으로 얻는 복덕이 대단히 많습니다."

[부처님]

　"수보리야!

　만약 복덕이 어떤 실상을 갖추고 있다면,

　내가 말하기를 '얻는 복덕이 많다'라고 하지 않으련만,

　복덕의 실상이 없기 때문에

　'얻는 복덕이 많다'고 말하였느니라."

法界通化
법 계 통 화

[부처님]

"須菩提! 於意云何?
수 보 리   어 의 운 하

若有人滿三千大千世界七寶, 以用布施,
약 유 인 만 삼 천 대 천 세 계 칠 보   이 용 보 시

是人以是因緣, 得福多不?"
시 인 이 시 인 연   득 복 다 부

[수보리]

"如是, 世尊!
여 시   세 존

此人以是因緣, 得福甚多"。
차 인 이 시 인 연   득 복 심 다

[부처님]

"須菩提!
수 보 리

若福德有實, 如來不說得福德多,
약 복 덕 유 실   여 래 불 설 득 복 덕 다

以福德無故, 如來說得福德多"。
이 복 덕 무 고   여 래 설 득 복 덕 다

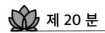 **제 20 분**

모양과 모습 버림

[부처님]

"수보리야! 어떻게 생각하느냐?

부처를 잘 갖춘 몸매로 알 수 있겠느냐?"

[수보리]

"없사옵니다. 세존이시여! 여래를 잘 갖춘 몸매로는 알 수

없습니다.

왜냐하면, 여래께서 말씀하시기를 '잘 갖춘 몸매'라고

하신 것은 정녕 잘 갖춘 몸매가 아니라

이름이 '잘 갖춘 몸매'일 뿐이기 때문입니다."

[부처님]

"수보리야! 어떻게 생각하느냐?

모습을 고루 잘 갖춘 것으로 여래를 알 수 있겠느냐?"

第 20 分

離色離相
이 색 이 상

[부처님]

"須菩提! 於意云何?
수 보 리   어 의 운 하

佛可以具足色身見不?"
불 가 이 구 족 색 신 견 부

[수보리]

"不也, 世尊! 如來不應以具足色身見。
불 야   세 존   여 래 불 응 이 구 족 색 신 견

何以故? 如來說具足色身,
하 이 고   여 래 설 구 족 색 신

卽非具足色身, 是名具足色身"。
즉 비 구 족 색 신   시 명 구 족 색 신

[부처님]

"須菩提! 於意云何?
수 보 리   어 의 운 하

如來可以具足諸相見不?"
여 래 가 이 구 족 제 상 견 부

[수보리]

"아니옵니다. 세존이시여!

고루 잘 갖춘 모습으로는 응당 여래를 알 수 없습니다.

왜냐하면, 여래께서 말씀하시기를 '모든 모습을 잘

갖추었다'라고 하신 것은

정녕 '잘 갖춘' 것이 아니라

'모든 모습을 잘 갖추었다'라고 이름하였을 뿐이기

때문입니다."

[수보리]

"不也, 世尊!
불야 세존

如來不應以具足諸相見。
여래불응이구족제상견

何以故? 如來說諸相具足,
하이고 여래설제상구족

即非具足,
즉비구족

是名諸相具足"。
시명제상구족

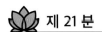

말이 다가 아니다

[부처님]

"수보리야! 그대는 이런 말을 하지 말라!

여래가 '내가 마땅히 깨달음을 말할 것이 있다'라는

생각을 한다고 말하지 말라.

그런 생각을 하지 말지어다.

왜냐하면, 만약 어떤 사람이 '여래가 깨달음을 말할

것이 있다'고 한다면,

곧 부처를 비방하는 것이며

내가 말하는 바를 능히 이해하지 못하였기 때문이니라.

수보리야! '깨달음을 말한다'는 것은 말할 만한 깨달음이

없는데

'깨달음을 말한다'라고 이름하였을 따름이니라."

非說所說
비 설 소 설

[부처님]

"須菩提! 汝勿謂!
수 보 리 여 물 위

如來作是念:
여 래 작 시 념

‘我當有所說法’。
아 당 유 소 설 법

莫作是念!
막 작 시 념

何以故? 若人言:
하 이 고 약 인 언

‘如來有所說法’,
여 래 유 소 설 법

卽爲謗佛,
즉 위 방 불

不能解我所說故。
불 능 해 아 소 설 고

須菩提! 說法者, 無法可說,
수 보 리 설 법 자 무 법 가 설

是名說法"。
시 명 설 법

그 때 지혜가 뛰어난 수보리가 부처님께 아뢰었습니다.

"세존이시여! 미래 세상에 자못 많은 중생들이

　이 깨달음을 말씀하시는 것을 들으면 믿는 마음을

　내겠나이까?"

부처님께서 수보리에게 말씀하셨습니다.

"그들은 중생이 아니며

　중생이 아닌 것도 아니니라.

　왜냐하면, 수보리야!

　중생, 중생이라고 하는데

　내가 말하는 그것은 중생이 아니라

　이름이 중생일 뿐이기 때문이니라."

爾時, 慧命須菩提白佛言:
이 시　혜 명 수 보 리 백 불 언

"世尊! 頗有眾生, 於未來世,
세 존　파 유 중 생　어 미 래 세

聞說是法, 生信心不?"
문 설 시 법　생 신 심 부

佛言須菩提:
불 언 수 보 리

"彼非眾生,
피 비 중 생

非不眾生。
비 불 중 생

何以故? 須菩提!
하 이 고　수 보 리

眾生, 眾生者,
중 생　중 생 자

如來說非眾生,
여 래 설 비 중 생

是名眾生"。
시 명 중 생

얻을 진리도 없다

수보리가 부처님께 말씀드렸습니다.

"세존이시여!

부처님께서 아뇩다라삼먁삼보리라는 최상의 깨달음을

얻었음은 아무것도 얻은 것이 없다는 말입니까?"

부처님께서 말씀하셨습니다.

"그렇다, 그러하도다!

수보리야!

내가 아뇩다라삼먁삼보리에 대하여 적은 깨달음조차

얻은 것이 없는데

그것을 이름하여 아뇩다라삼먁삼보리라고 하였을

뿐이니라."

無法可得
무 법 가 득

須菩提白佛言:
수 보 리 백 불 언

"世尊! 佛得阿耨多羅三藐三菩提,
세 존   불 득 아 뇩 다 라 삼 먁 삼 보 리

爲無所得耶?"
위 무 소 득 야 ·

佛言:
불 언

"如是! 如是!
여 시   여 시

須菩提!
수 보 리

我於阿耨多羅三藐三菩提,
아 어 아 뇩 다 라 삼 먁 삼 보 리

乃至無有少法可得,
내 지 무 유 소 법 가 득

是名阿耨多羅三藐三菩提"。
시 명 아 뇩 다 라 삼 먁 삼 보 리

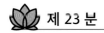

깨끗한 선행하라

[부처님]

"또한 수보리야!

이 깨달음은 평등하여 높고 낮음이 있지 아니하며,

그 이름이 아뇩다라삼먁삼보리이니라.

'나'도 없고,

'남'도 없고,

'중생'도 없고,

'목숨'도 없다는 일념으로 일체의 훌륭한 깨달음을

수행하면

바로 아뇩다라삼먁삼보리를 얻게 되리라.

수보리야!

淨心行善
정 심 행 선

[부처님]

"復次, 須菩提!
부차 수보리

是法平等, 無有高下,
시법평등   무유고하

是名阿耨多羅三藐三菩提。
시명아녹다라삼먁삼보리

以無我, 無人, 無衆生, 無壽者,
이무아 무인 무중생 무수자

修一切善法,
수일체선법

即得阿耨多羅三藐三菩提。
즉득아녹다라삼먁삼보리

須菩提!
수보리

이른바 '훌륭한 깨달음',

내가 말하는 그것은 정녕 훌륭한 깨달음이란 실체가

아니라

이름이 '훌륭한 깨달음'일 따름이니라."

所言善法者, 如來說,
소 언 선 법 자   여 래 설

卽非善法, 是名善法".
즉 비 선 법   시 명 선 법

🪷 제 24 분

최상의 복과 지혜

[부처님]

"수보리야!

만약 삼천대천세계에 있는 모든 산 가운데

　　가장 높은 수미산,

　　그 산만큼 커다란 금은보화를 모아서

　　어떤 사람이 보시에 쓴다 하더라도,

만약 다시 어떤 사람이

　　이 반야바라밀경 혹은 사구게 등을

　　받들어 독송하고 다른 사람을 위해 말해 준다면,

앞 사람의 복덕은, 이 사람의 100분의 1이나

백 천만 억분의 1도 되지 아니하며

혹은 그 어떤 숫자에 비유하더라도

미칠 수가 없느니라."

第 24 分

福智無比
복 지 무 비

[부처님]

"須菩提!
수 보 리

若三千大千世界中,
약 삼 천 대 천 세 계 중

所有諸須彌山王,
소 유 제 수 미 산 왕

如是等七寶聚, 有人持用布施;
여 시 등 칠 보 취   유 인 지 용 보 시

若人以此般若波羅蜜經, 乃至四句偈等,
약 인 이 차 반 야 바 라 밀 경   내 지 사 구 게 등

受持讀誦, 爲他人說,
수 지 독 송   위 타 인 설

於前福德, 百分不及一,
어 전 복 덕   백 분 불 급 일

百千萬億分,
백 천 만 억 분

乃至算數譬喩, 所不能及"。
내 지 산 수 비 유   소 불 능 급

교화는 끝이 없다

[부처님]

"수보리야! 어떻게 생각하느냐?

그대들은 이런 말을 하지 말라.

여래가 '내가 마땅히 중생을 제도하리라'는 생각을

한다고 말하지 말라!

수보리야, 그런 생각은 하지 말라!

왜냐하면,

실로 중생이 있어 내가 제도하는 것은 아니기 때문이니라.

만약 중생이 있어서 내가 제도한다면 여래인 내가

'나'와 '남'과 '중생'과 '목숨'에 집착한 것이 되느니라.

수보리야! 여래가 '내가 있다'라고 말하는 것은

化無所化
화 무 소 화

[부처님]

"須菩提! 於意云何?
수 보 리   어 의 운 하

汝等勿謂, 如來作是念: '我當度衆生'。
여 등 물 위   여 래 작 시 념   아 당 도 중 생

須菩提! 莫作是念!
수 보 리   막 작 시 념

何以故? 實無有衆生如來度者。
하 이 고   실 무 유 중 생 여 래 도 자

若有衆生, 如來度者,
약 유 중 생   여 래 도 자

如來卽有我、人、衆生、壽者。
여 래 즉 유 아   인   중 생   수 자

須菩提! 如來說有我者,
수 보 리   여 래 설 유 아 자

정녕 '내가 있다'는 뜻이 아님에도

범부들이 '내가 있다'라고 여길 따름이니라.

수보리야! 범부라는 것, 내가 말하는 그것은

정녕 범부가 아니고

그 이름이 범부일 따름이니라."

卽非有我;
즉 비 유 아

而凡夫之人, 以爲有我。
이 범 부 지 인   이 위 유 아

須菩提! 凡夫者, 如來說,
수 보 리   범 부 자   여 래 설

卽非凡夫,
즉 비 범 부

是名凡夫"。
시 명 범 부

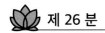

법신은 모습 아님

[부처님]

"수보리야! 어떻게 생각하느냐?

 서른두 가지 모습으로 여래를 볼 수 있느냐?"

수보리가 말하였습니다.

"그렇습니다. 그러하옵니다.

 서른두 가지 모습으로 여래를 볼 수 있습니다."

부처님께서 수보리에게 말씀하셨습니다.

"만약 서른두 가지 모습으로 여래를 볼 수 있다면,

 전륜성왕도 여래이겠느냐?"

第 26 分

法身非相
법 신 비 상

[부처님]

　“須菩提! 於意云何?
　　　수 보 리　어 의 운 하

　可以三十二相觀如來不?”
　　가 이 삼 십 이 상 관 여 래 부

須菩提言:
수 보 리 언

　“如是! 如是! 以三十二相觀如來”。
　　여 시　여 시　이 삼 십 이 상 관 여 래

佛言須菩提,
불 언 수 보 리

　“若以三十二相觀如來者, 轉輪聖王,
　　약 이 삼 십 이 상 관 여 래 자　전 륜 성 왕

　卽是如來?”
　　즉 시 여 래

수보리가 부처님께 말씀드렸습니다.

"세존이시여, 제가 부처님 말씀의

속뜻을 알고 보니

응당 서른두 가지 모습으로

부처님을 보아서는 아니 되겠습니다."

이때, 세존께서 게송으로 말씀하셨습니다.

"만약 모양으로 나를 보려고 하거나
음성으로 나를 찾으려 한다면,
이러한 사람은 삿된 길을 가나니
여래를 볼 수 없으리라!"

須菩提白佛言:
수 보 리 백 불 언

"世尊! 如我解佛所說義,
세 존 여 아 해 불 소 설 의

不應以三十二相觀如來"。
불 응 이 삼 십 이 상 관 여 래

爾時, 世尊而說偈言:
이 시 세 존 이 설 게 언

"若以色見我,
약 이 색 견 아

以音聲求我;
이 음 성 구 아

是人行邪道,
시 인 행 사 도

不能見如來"。
불 능 견 여 래

제 27 분

끊어도 끊임 없다

[부처님]

"수보리야!

그대는 혹시 '여래께서 서른두 가지 모습을

고루 갖추었기 때문에

아뇩다라삼먁삼보리라는 최상의 깨달음을

얻은 것은 아닐까'라는 생각을 하는가?

수보리야!

'여래께서 서른두 가지 모습을 고루 갖추었기 때문에

아뇩다라삼먁삼보리라는 최상의 깨달음을

얻은 것은 아닐까'라는 생각은 하지 말라.

第 27 分

無斷無滅
무 단 무 멸

[부처님]

"須菩提!
수 보 리

汝若作是念:
여 약 작 시 념

‘如來不以具足相故,
여 래 불 이 구 족 상 고

得阿耨多羅三藐三菩提’?
득 아 뇩 다 라 삼 먁 삼 보 리

須菩提!
수 보 리

莫作是念:
막 작 시 념

‘如來不以具足相故,
여 래 불 이 구 족 상 고

得阿耨多羅三藐三菩提’。
득 아 뇩 다 라 삼 먁 삼 보 리

제
27
분

수보리야!

그대가 혹시 '아뇩다라삼먁삼보리의

마음을 낸 사람은

온갖 실체가 다 끊어져 없어졌다'라고 여긴다면,

그런 생각을 아예 하지 말라!

왜냐하면, 아뇩다라삼먁삼보리라는 최상의 깨달음을

일으킨 사람은

어떤 실체에 대하여 '끊어져 없어졌다'는

망상을 말하지 않기 때문이니라."

須菩提!
수 보 리

汝若作是念:
여 약 작 시 념

'發阿耨多羅三藐三菩提心者說:
발 아 녹 다 라 삼 막 삼 보 리 심 자 설

諸法斷滅',
제 법 단 멸

莫作是念。
막 작 시 념

何以故?
하 이 고

發阿耨多羅三藐三菩提心者,
발 아 녹 다 라 삼 막 삼 보 리 심 자

於法不說斷滅相"。
어 법 불 설 단 멸 상

제 28 분

탐해도 헛일이다

[부처님]

"수보리야!

만약 어떤 보살이 갠지스 강의 모래알만큼

많은 세계를 가득 채울 만한

금은보화를 가지고 보시에 쓰더라도,

만약 다시 어떤 사람이 모든 실체에 자기가 없는

'무아'를 알고, 인욕을 체득하여 이루면,

이 보살이 얻는 공덕이 앞의 보살보다 뛰어나리라!

왜냐하면, 수보리야! 모든 보살은 복덕을 받지 않기

때문이니라."

수보리가 부처님께 아뢰었습니다.

"세존이시여! 어찌하여 보살은 복덕을 받지 않는다고

하옵나이까?"

不受不貪
불 수 불 탐

[부처님]

"須菩提!
수 보 리

若菩薩以滿恒河沙等世界七寶,
약 보 살 이 만 항 하 사 등 세 계 칠 보

持用布施;
지 용 보 시

若復有人, 知一切法無我, 得成於忍。
약 부 유 인 지 일 체 법 무 아 득 성 어 인

此菩薩, 勝前菩薩, 所得功德。
차 보 살 승 전 보 살 소 득 공 덕

何以故? 須菩提!
하 이 고 수 보 리

以諸菩薩, 不受福德故"。
이 제 보 살 불 수 복 덕 고

須菩提白佛言:
수 보 리 백 불 언

"世尊! 云何菩薩不受福德?"
세 존 운 하 보 살 불 수 복 덕

[부처님]

　"수보리야! 보살은 지은 바 복덕을

　탐내거나 집착하지 아니해야한다.

　그런 까닭에 복덕을 받지 아니한다라고

　말하였느니라."

[부처님]

"須菩提! 菩薩所作福德,
수 보 리   보 살 소 작 복 덕

不應貪着, 是故說不受福德"。
불 응 탐 착   시 고 설 불 수 복 덕

제
28
분

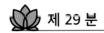

위엄이 그윽하다

[부처님]

"수보리야!

만약 어떤 사람이

'여래가 오고, 가고, 앉고, 눕고 하는 것 같다'고

말한다면 그 사람은 내가 말한

속뜻을 이해하지 못 하였느니라!

왜냐하면, '같을 여(如)'자와, '올 래(來)'자를 써서

'여래'라고 한 것은

어디로부터 오는 곳도 없고,

또한 어디로 가는 곳도 없기 때문에

'오는 것 같다'는 뜻으로 '여래'라 이름하였을 따름이니라."

威儀寂靜
위 의 적 정

[부처님]

"須菩提!
수 보 리

若有人言:
약 유 인 언

'如來若來, 若去, 若坐, 若臥',
여 래 약 래　　약 거　 약 좌　 약 와

是人不解我所說義。
시 인 불 해 아 소 설 의

何以故? 如來者, 無所從來,
하 이 고　　여 래 자　 무 소 종 래

亦無所去, 故名如來"。
역 무 소 거　 고 명 여 래

하나로 합친 모습

[부처님]

"수보리야!

만약 어떤 선남자 선여인이 삼천대천세계를

빻아서 먼지로 만든다면, 어떻게 생각하느냐?

그 먼지가 과연 많다고 하겠느냐?"

수보리가 대답하였습니다.

"매우 많사옵니다. 세존이시여!

왜냐하면, 만약 그 먼지가 실로 있는 것이라면,

부처님께서 먼지라고 말씀하시지 않았을 것입니다.

왜냐하면, 부처님께서 말씀하신 먼지는

실로 먼지가 아니라

그 이름이 '먼지'일 뿐입니다.

一合理相
일 합 리 상

[부처님]

"須菩提!
수 보 리

若善男子、善女人, 以三千大千世界,
약 선 남 자   선 여 인   이 삼 천 대 천 세 계

碎爲微塵, 於意云何?
쇄 위 미 진   어 의 운 하

是微塵衆, 寧爲多不?"
시 미 진 중   영 위 다 부

須菩提言:
수 보 리 언

"甚多, 世尊!
심 다   세 존

何以故? 若是微塵衆實有者,
하 이 고   약 시 미 진 중 실 유 자

佛卽不說是微塵衆。
불 즉 불 설 시 미 진 중

所以者何? 佛說微塵衆,
소 이 자 하   불 설 미 진 중

卽非微塵衆, 是名微塵衆。
즉 비 미 진 중   시 명 미 진 중

세존이시여! 여래께서 말씀하신 '삼천대천세계'도

정녕 세계가 아니고

그 이름이 '세계'일 뿐입니다.

왜냐하면, 만약 세계가 실로 있는 것이라면

그것은 하나로 합쳐진 모습일 것입니다.

여래께서 말씀하신 '하나로 합쳐진 모습'은

정녕 '하나로 합쳐진 모습'이 아니고,

'하나로 합쳐진 모습'이라고

이름 하였을 따름입니다."

[부처님]

"수보리야!

'하나로 합쳐진 모습'이라는 것은 정녕 말로 할 수

없는 것인데

단지 범부들이 그것에 탐착할 뿐이니라."

世尊! 如來所說三千大千世界,
세존 여래소설삼천대천세계

即非世界,
즉비세계

是名世界。
시명세계

何以故? 若世界實有者,
하이고 약세계실유자

即是一合相。
즉시일합상

如來說一合相, 即非一合相,
여래설일합상 즉비일합상

是名一合相"。
시명일합상

[부처님]

"須菩提!
수보리

一合相者, 即是不可說,
일합상자 즉시불가설

但凡夫之人, 貪着其事"。
단범부지인 탐착기사

제 31 분

고집을 내지 마라

[부처님]

"수보리야!

만약 어떤 사람이 말하기를 '부처님이

'나'라는 고집,

'남'이라는 고집,

'중생'이라는 고집,

'목숨'에 대한 고집을 말씀하시더라.'고 한다면,

수보리야! 어떻게 생각하느냐?

그 사람이 내가 말한 속뜻을 알았다고 하겠느냐?"

[수보리]

"아닙니다. 세존이시여!

그 사람은 부처님께서 말씀하신

속뜻을 알지 못하였습니다.

知見不生
지 견 불 생

[부처님]

"須菩提!
수 보 리

若人言: '佛說我見、
약 인 언　불 설 아 견

人見、
인 견

衆生見、
중 생 견

壽者見'。
수 자 견

須菩提! 於意云何?
수 보 리　어 의 운 하

是人解我所說義不?"
시 인 해 아 소 설 의 부

[수보리]

"不也, 世尊!
불 야　세 존

是人, 不解如來所說義。
시 인　불 해 여 래 소 설 의

왜냐하면, 세존께서 말씀하신

'나'라는 고집,

'남'이라는 고집,

'중생'이라는 고집,

'목숨'이라는 고집은

정녕 나라는 고집, 남이라는 고집, 중생이라는 고집,

목숨이라는 고집이 아니라

그 이름이 나라는 고집, 남이라는 고집, 중생이라는 고집,

목숨이라는 고집일 뿐이기 때문입니다."

[부처님]

"수보리야!

아뇩다라삼먁삼보리라는 최상의 깨달음을 일으킨

사람은 모든 실체에 대하여 마땅히

이와 같이 알고

이와 같이 보고

이와 같이 믿고 이해하여 실체라 여기는 망상을

내지 말아야 하느니라.

何以故? 世尊說:
하 이 고   세 존 설

'我見、人見、衆生見、壽者見',
아 견   인 견   중 생 견   수 자 견

卽非我見、人見、衆生見、壽者見,
즉 비 아 견   인 견   중 생 견   수 자 견

是名我見、人見、衆生見、壽者見"。
시 명 아 견   인 견   중 생 견   수 자 견

[부처님]

"須菩提!
수 보 리

發阿耨多羅三藐三菩提心者,
발 아 녹 다 라 삼 막 삼 보 리 심 자

於一切法,
어 일 체 법

應如是知,
응 여 시 지

如是見,
여 시 견

如是信解, 不生法相。
여 시 신 해   불 생 법 상

수보리야!

이른바 '실체라 여기는 망상'이라고 내가 말한 것은

정녕 '실체라 여기는 망상'이 아니라

그 이름이 '실체라 여기는 망상'일 따름이니라."

須菩提!
수 보 리

所言法相者, 如來說,
소 언 법 상 자   여 래 설

卽非法相, 是名法相"。
즉 비 법 상   시 명 법 상

응화신 헛것이다

[부처님]

"수보리야!

만약 어떤 사람이

　　무량한 아승지 세계를 가득 채울 만큼

　　많은 금은보화를 가지고 보시에 쓰더라도,

만약 선남자 선여인 가운데 누가

　　보살의 바른 마음을 일으켜

　　이 경전 전체를 지니거나

　　혹은 사구게 등을 받들어 독송하여

　　남에게 쉽게 풀이해준다면,

그가 지은 복덕이 앞 사람보다 훨씬 뛰어나리라.

남에게 쉽게 풀이해주자면 어떻게 해야 하겠느냐?

應化非眞
응 화 비 진

[부처님]

"須菩提!
수 보 리

若有人以滿無量阿僧祇世界七寶,
약 유 인 이 만 무 량 아 승 지 세 계 칠 보

持用布施;
지 용 보 시

若有善男子、善女人,
약 유 선 남 자   선 여 인

發菩薩心者,
발 보 살 심 자

持於此經, 乃至四句偈等,
지 어 차 경   내 지 사 구 게 등

受持讀誦,
수 지 독 송

爲人演說, 其福勝彼。
위 인 연 설   기 복 승 피

云何爲人演說?
운 하 위 인 연 설

어떠한 모습에도 사로잡히지 말것이며

언제 어디에서도 흔들림이 없어야 할지니라.

왜냐하면, 이와 같기 때문이니라.

있다고 여기는 모든 실체는
꿈, 허깨비, 물거품, 그림자 같도다.
이슬 같으며, 번개 같나니,
마땅히 이와 같이 볼지니라."

부처님께서 이 경을 마치시자,

장로 수보리 그리고 모든 비구 비구니와 우바새 우바이와

일체 세간의 하늘과 사람 그리고 아수라까지도

부처님께서 하시는 말씀을 듣고

모두 크게 기뻐하며 믿고 받들어 행하였습니다.

不取於相, 如如不動。
불 취 어 상   여 여 부 동

何以故?
하 이 고

一切有爲法,
일 체 유 위 법

如夢幻泡影;
여 몽 환 포 영

如露亦如電,
여 로 역 여 전

應作如是觀"。
응 작 여 시 관

佛說是經已,
불 설 시 경 이

長老須菩提及諸比丘、比丘尼,
장 로 수 보 리 급 제 비 구   비 구 니

優婆塞、優婆夷,
우 바 새   우 바 이

一切世間, 天、人、阿修羅,
일 체 세 간   천   인   아 수 라

聞佛所說, 皆大歡喜, 信受奉行。
문 불 소 설   개 대 환 희   신 수 봉 행

부록1

金剛經 原文

金剛經 讀誦精進

淨口業眞言

修理修理 摩訶修理 修修理 娑婆訶

修理修理 摩訶修理 修修理 娑婆訶

修理修理 摩訶修理 修修理 娑婆訶

五方內外 安慰諸神眞言

南無 三滿多 沒馱南 唵 度魯度魯 地尾 娑婆訶

南無 三滿多 沒馱南 唵 度魯度魯 地尾 娑婆訶

南無 三滿多 沒馱南 唵 度魯度魯 地尾 娑婆訶

開經偈

無上甚深微妙法

百千萬劫難遭遇

我今聞見得受持

願解如來眞實義

開法藏眞言

唵 阿羅南 阿羅多

唵 阿羅南 阿羅多

唵 阿羅南 阿羅多

金剛般若波羅蜜經

第1分　法會因由

如是我聞:

一時, 佛在舍衛國祇樹給孤獨園,

與大比丘眾千二百五十人俱。

爾時, 世尊,

食時, 着衣持鉢,

入舍衛大城乞食。

於其城中, 次第乞已, 還至本處。

飯食訖, 收衣鉢, 洗足已, 敷座而坐。

第2分　善現起請

時, 長老須菩提, 在大眾中, 卽從座起, 偏袒右肩, 右膝

着地, 合掌恭敬,

而白佛言:

　"希有, 世尊!

　如來善護念諸菩薩, 善付囑諸菩薩!

　世尊!

　善男子、善女人, 發阿耨多羅三藐三菩提心,

　應云何住?

　云何降伏其心?"

佛言:

　"善哉! 善哉! 須菩提!

　如汝所說: '如來善護念諸菩薩, 善付囑諸菩薩'.

　汝今諦聽, 當爲汝說!

　善男子、善女人, 發阿耨多羅三藐三菩提心,

　應如是住, 如是降伏其心".

[수보리]

　"唯然, 世尊! 願樂欲聞".

第3分　大乘正宗

佛告須菩提:

"諸菩薩摩訶薩, 應如是降伏其心。

所有一切衆生之類:

若卵生, 若胎生, 若濕生, 若化生;

若有色, 若無色;

若有想, 若無想;

若非有想, 非無想;

我皆令入無餘涅槃而滅度之。

如是滅度無量、無數、無邊衆生,

實無衆生得滅度者。

何以故? 須菩提!

若菩薩有我相、人相、衆生相、壽者相,

卽非菩薩"。

第4分　妙行無住

[부처님]

　"復次, 須菩提!

　菩薩於法, 應無所住, 行於布施.

　所謂不住色布施;

　　　不住聲、香、味、觸、法布施.

　須菩提!

　菩薩應如是布施, 不住於相.

　何以故? 若菩薩不住相布施, 其福德不可思量.

　須菩提! 於意云何?

　東方虛空, 可思量不?"

[수보리]

　"不也, 世尊!"

[부처님]

　"須菩提!

　南西北方, 四維上下, 虛空可思量不?"

[수보리]

　"不也, 世尊!"

[부처님]

　"須菩提!

菩薩無住相布施, 福德亦復如是, 不可思量。

須菩提!

菩薩但應如所教住"。

第 5 分　如理實見

[부처님]

"須菩提! 於意云何?

可以身相, 見如來不?"

[수보리]

"不也, 世尊!

不可以身相, 得見如來。

何以故? 如來所說身相, 即非身相"。

佛告須菩提:

"凡所有相, 皆是虛妄;

若見諸相非相, 即見如來"。

第6分　正信希有

須菩提白佛言:

　"世尊!

　　頗有衆生, 得聞如是, 言說章句, 生實信不?"

佛告須菩提:

　"莫作是說! 如來滅後, 後五百歲, 有持戒修福者,

　　於此章句, 能生信心, 以此爲實。

　　當知是人,

　　不於一佛、二佛、三、四、五佛,

　　而種善根, 已於無量千萬佛所,

　　種諸善根, 聞是章句, 乃至一念, 生淨信者。

　　須菩提!

　　如來悉知悉見, 是諸衆生得如是無量福德。

　　何以故? 是諸衆生,

　　無復我相、人相、衆生相、壽者相,

　　無法相, 亦無非法相。

　　何以故? 是諸衆生,

　　若心取相, 即爲着我、人、衆生、壽者;

若取法相, 卽着我、人、衆生、壽者。

何以故? 若取非法相, 卽着我、人、衆生、壽者。

是故不應取法, 不應取非法。

以是義故, 如來常說:

'汝等比丘, 知我說法, 如筏喻者'.

法尙應捨, 何況非法!"

第7分 無得無說

[부처님]

"須菩提! 於意云何?

如來得阿耨多羅三藐三菩提耶?

如來有所說法耶?"

須菩提言:

"如我解佛所說義,

無有定法名阿耨多羅三藐三菩提,

亦無有定法如來可說。

何以故? 如來所說法, 皆不可取, 不可說;

非法, 非非法。

所以者何? 一切賢聖, 皆以無爲法, 而有差別。"

第8分　依法出生

[부처님]

"須菩提! 於意云何?

若人滿三千大千世界七寶, 以用布施,

是人所得福德, 寧爲多不?"

須菩提言:

"甚多, 世尊!

何以故? 是福德, 卽非福德性。

是故, 如來說, 福德多"。

[부처님]

"若復有人, 於此經中受持, 乃至四句偈等,

爲他人說, 其福勝彼。

何以故? 須菩提!

一切諸佛, 及諸佛阿耨多羅三藐三菩提法,

皆從此經出。

須菩提!

所謂佛法者, 卽非佛法"。

第9分　一相無相

[부처님]

　"須菩提! 於意云何?

　須陀洹能作是念: 我得須陀洹果不?"

須菩提言:

　"不也, 世尊!

　何以故? 須陀洹名爲入流, 而無所入;

　不入色、聲、香、味、觸、法, 是名須陀洹"。

[부처님]

　"須菩提! 於意云何?

　斯陀含能作是念: 我得斯陀含果不?"

須菩提言:

　"不也, 世尊!

何以故? 斯陀含名一往來, 而實無往來,

是名斯陀含".

[부처님]

"須菩提! 於意云何?

阿那含能作是念: 我得阿那含果不?"

須菩提言:

"不也, 世尊!

何以故? 阿那含名爲不來,

而實無不來, 是故名阿那含".

[부처님]

"須菩提! 於意云何?

阿羅漢能作是念: 我得阿羅漢道不?"

須菩提言:

"不也, 世尊!

何以故? 實無有法, 名阿羅漢。

世尊!

若阿羅漢作是念:

我得阿羅漢道,

卽爲着我、人、衆生、壽者。

世尊!

佛說:‘我得無諍三昧人中, 最爲第一;

　　　　　是第一離欲阿羅漢’。

世尊! 我不作是念: ‘我是離欲阿羅漢’。

世尊! 我若作是念: ‘我得阿羅漢道’,

世尊, 即不說: ‘須菩提是樂阿蘭那行者’。

以須菩提實無所行,

而名須菩提, 是樂阿蘭那行”。

第 10 分　莊嚴淨土

佛告須菩提:

　　“於意云何? 如來昔在燃燈佛所, 於法有所得不?”

[수보리]

　　“不也, 世尊! 如來在燃燈佛所, 於法實無所得”。

[부처님]

　　“須菩提! 於意云何?

　　菩薩莊嚴佛土不?”

[수보리]

"不也, 世尊!

何以故? 莊嚴佛土者, 卽非莊嚴, 是名莊嚴"。

[부처님]

"是故, 須菩提!

諸菩薩摩訶薩, 應如是生淸淨心。

不應住色生心;

不應住聲、香、味、觸、法生心。

應無所住, 而生其心。

須菩提!

譬如有人, 身如須彌山王,

於意云何? 是身爲大不?"

須菩提言:

"甚大, 世尊!

何以故? 佛說非身, 是名大身"。

第 11 分　無爲福勝

[부처님]

　"須菩提!

　　如恒河中所有沙數, 如是沙等恒河, 於意云何?

　　是諸恒河沙, 寧爲多不?"

須菩提言:

　"甚多, 世尊!

　　但諸恒河, 尙多無數, 何況其沙?"

[부처님]

　"須菩提!

　　我今, 實言告汝!

　　若有善男子、善女人,

　　以七寶滿爾所恒河沙數三千大千世界,

　　以用布施, 得福多不?"

須菩提言:

　"甚多, 世尊!"

佛告須菩提:

　"若善男子、善女人,

　　於此經中, 乃至受持四句偈等,

　　爲他人說, 而此福德, 勝前福德!"

第12分　尊重正教

[부처님]

"復次, 須菩提!

隨說是經, 乃至四句偈等!

當知此處, 一切世間, 天、人、阿修羅,

皆應供養如佛塔廟!

何況有人盡能受持讀誦!

須菩提!

當知, 是人成就最上, 第一希有之法。

若是經典所在之處, 即爲有佛, 若尊重弟子!"

第13分　如法受持

爾時, 須菩提白佛言:

"世尊! 當何名此經? 我等云何奉持?"

佛告須菩提:

"是經名爲金剛般若波羅蜜。

以是名字, 汝當奉持。

所以者何? 須菩提!

佛說般若波羅蜜, 卽非般若波羅蜜,

是名般若波羅蜜。

須菩提! 於意云何?

如來有所說法不?"

須菩提白佛言:

"世尊! 如來無所說"。

[부처님]

"須菩提! 於意云何?

三千大千世界所有微塵, 是爲多不?"

須菩提言:

"甚多, 世尊!"

[부처님]

"須菩提!

諸微塵, 如來說, 非微塵, 是名微塵。

如來說世界, 非世界, 是名世界。

須菩提! 於意云何?

可以三十二相, 見如來不?"

[수보리]

　"不也, 世尊!

　不可以三十二相, 得見如來。

　何以故?

　如來說三十二相, 卽是非相, 是名三十二相"。

[부처님]

　"須菩提!

　若有善男子、善女人, 以恒河沙等身命布施,

　若復有人, 於此經中, 乃至受持四句偈等,

　爲他人說, 其福甚多"。

第14分　離相寂滅

爾是, 須菩提聞說是經,

深解義趣, 涕淚悲泣, 而白佛言:

　"希有, 世尊!

　佛說如是甚深經典。

　我從昔來, 所得慧眼, 未曾得聞, 如是之經。

世尊!

若復有人, 得聞是經, 信心清淨, 卽生實相。

當知是人,

成就第一, 希有功德。

世尊!

是實相者, 卽是非相, 是故如來, 說名實相。

世尊!

我今得聞, 如是經典, 信解受持, 不足爲難;

若當來世, 後五百歲, 其有衆生,

得聞是經, 信解受持, 是人卽爲, 第一希有!

何以故?

此人無我相, 無人相, 無衆生相, 無壽者相。

所以者何?

我相, 卽是非相,

人相、衆生相、壽者相, 卽是非相。

何以故?

離一切諸相, 卽名諸佛"。

佛告須菩提:

"如是, 如是!

若復有人, 得聞是經, 不驚、不怖、不畏,
當知是人, 甚爲希有。

何以故? 須菩提!

如來說第一波羅蜜, 卽非第一波羅蜜,
是名第一波羅蜜。

須菩提!

忍辱波羅蜜! 如來說, 非忍辱波羅蜜,
是名忍辱波羅蜜。

何以故? 須菩提!

如我昔爲歌利王, 割截身體, 我於爾時,
無我相, 無人相, 無衆生相, 無壽者相。

何以故?

我於往昔節, 節支解時,
若有我相、人相、衆生相、壽者相, 應生瞋恨。

須菩提!

又念過去, 於五百世, 作忍辱仙人, 於爾所世,
無我相, 無人相, 無衆生相, 無壽者相。

是故, 須菩提!

菩薩應離一切相, 發阿耨多羅三藐三菩提心。

不應住色生心;

不應住聲、香、味、觸、法生心;

應生無所住心。

若心有住, 即爲非住。

是故, 佛說:'菩薩心不應住色布施'。

須菩提!

菩薩爲利益一切衆生, 應如是布施。

如來說:'一切諸相, 即是非相';

又說:'一切衆生, 即非衆生'。

須菩提!

如來是眞語者、實語者、如語者、不誑語者、不異

語者。

須菩提!

如來所得法, 此法無實無虛。

須菩提!

若菩薩,

心住於法, 而行布施, 如人入闇, 即無所見;

若菩薩,

心不住法, 而行布施, 如人有目, 日光明照,

見種種色。

須菩提!

當來之世, 若有善男子、善女人,

能於此經, 受持讀誦,

即爲如來, 以佛智慧,

悉知是人, 悉見是人,

皆得成就無量無邊功德”。

第 15 分　持經功德

[부처님]

“須菩提!

若有善男子、善女人,

初日分, 以恒河沙等身布施;

中日分, 復以恒河沙等身布施;

後日分, 亦以恒河沙等身布施;

如是無量百千萬億劫, 以身布施。

若復有人, 聞此經典, 信心不逆, 其福勝彼;

何況書寫, 受持讀誦, 爲人解說!

須菩提!

以要言之, 是經有不可思議、不可稱量、

無邊功德。

如來爲發大乘者說, 爲發最上乘者說。

若有人能受持讀誦, 廣爲人說,

如來, 悉知是人, 悉見是人,

皆得成就, 不可量、不可稱、無有邊、

不可思議功德。

如是人等, 即爲荷擔如來阿耨多羅三藐三菩提。

何以故? 須菩提!

若樂小法者, 着我見、人見、衆生見、壽者見,

即於此經, 不能聽受讀誦, 爲人解說。

須菩提!

在在處處, 若有此經,

一切世間, 天、人、阿修羅, 所應供養。

當知此處, 即爲是塔, 皆應恭敬,

作禮圍繞, 以諸華香, 而散其處"。

第 16 分　能淨業障

"復次, 須菩提!

善男子、善女人, 受持讀誦此經, 若爲人輕賤,

是人先世罪業, 應墮惡道,

以今世人輕賤故,

先世罪業, 卽爲消滅, 當得阿耨多羅三藐三菩提。

須菩提!

我念過去無量阿僧祇劫, 於燃燈佛前,

得値八百四千萬億那由他諸佛,

悉皆供養承事, 無空過者。

若復有人, 於後末世,

能受持讀誦此經, 所得功德,

於我所供養諸佛功德, 百分不及一,

千萬億分, 乃至算數譬喩, 所不能及。

須菩提!

若善男子、善女人, 於後末世,

有受持讀誦此經, 所得功德, 我若具說者,

或有人聞, 心即狂亂, 狐疑不信。

須菩提!

當知, 是經義不可思議;

　　　果報亦不可思議”。

第 17 分　究竟無我

爾時, 須菩提白佛言:

　“世尊!

　善男子、善女人, 發阿耨多羅三藐三菩提心,

　云何應住?

　云何降伏其心?”

佛告須菩提:

　“若善男子、善女人, 發阿耨多羅三藐三菩提心者,

　當生如是心:

　　　‘我應滅度一切衆生!

　　　滅度一切衆生已, 而無有一衆生實滅度者’。

　何以故? 須菩提!

若菩薩有我相、人相、眾生相、壽者相,

即非菩薩。

所以者何? 須菩提!

實無有法, 發阿耨多羅三藐三菩提心者。

須菩提! 於意云何?

如來於燃燈佛所,

有法得阿耨多羅三藐三菩提不?"

[수보리]

"不也, 世尊!

如我解佛所說義, 佛於燃燈佛所,

無有法得阿耨多羅三藐三菩提"。

佛言:

"如是! 如是!

須菩提!

實無有法, 如來得阿耨多羅三藐三菩提。

須菩提!

若有法, 如來得阿耨多羅三藐三菩提者,

燃燈佛, 即不與我授記:

    '汝於來世, 當得作佛, 號釋迦牟尼'。

以實無有法, 得阿耨多羅三藐三菩提,

是故, 燃燈佛與我授記, 作是言:

'汝於來世, 當得作佛, 號釋迦牟尼'.

何以故? 如來者, 卽諸法如義.

若有人言: '如來得阿耨多羅三藐三菩提',

須菩提!

實無有法, 佛得阿耨多羅三藐三菩提.

須菩提!

如來所得阿耨多羅三藐三菩提, 於是中無實無虛.

是故, 如來說: '一切法, 皆是佛法'.

須菩提!

所言一切法者, 卽非一切法, 是故名一切法.

須菩提!

譬如人身長大".

須菩提言:

"世尊! 如來說人身長大, 卽爲非大身, 是名大身".

[부처님]

"須菩提!

菩薩亦如是.

若作是言: '我當滅度無量衆生', 即不名菩薩。

何以故? 須菩提!

實無有法, 名爲菩薩。

是故, 佛說:

　　'一切法, 無我, 無人, 無衆生, 無壽者'。

須菩提!

若菩薩作是言: '我當莊嚴佛土', 是不名菩薩。

何以故? 如來說: '莊嚴佛土'者,

即非壯嚴, 是名莊嚴。

須菩提!

若菩薩通達無我法者, 如來說名眞是菩薩"。

第
18
分

第18分　一體同觀

[부처님]

"須菩提! 於意云何? 如來有肉眼不?"

[수보리]

"如是, 世尊! 如來有肉眼"。

"須菩提! 於意云何? 如來有天眼不?"

"如是, 世尊! 如來有天眼".

"須菩提! 於意云何? 如來有慧眼不?"

"如是, 世尊! 如來有慧眼".

"須菩提! 於意云何? 如來有法眼不?"

"如是, 世尊! 如來有法眼".

"須菩提! 於意云何? 如來有佛眼不?"

"如是, 世尊! 如來有佛眼".

"須菩提! 於意云何? 如恒河中所有沙, 佛說是沙不?"

[수보리]

"如是, 世尊! 如來說是沙"。

[부처님]

"須菩提! 於意云何?

如一恒河中所有沙, 有如是沙等恒河,

是諸恒河, 所有沙數,

佛世界如是, 寧爲多不?"

[수보리]

"甚多, 世尊!"

佛告須菩提:

"爾所國土中, 所有衆生, 若干種心, 如來悉知。

何以故?

如來說諸心, 皆爲非心, 是名爲心。

所以者何? 須菩提!

過去心不可得;

現在心不可得;

未來心不可得"。

第 19 分 法界通化

[부처님]

"須菩提! 於意云何?

若有人滿三千大千世界七寶, 以用布施,

是人以是因緣, 得福多不?"

[수보리]

"如是, 世尊! 此人以是因緣, 得福甚多".

[부처님]

"須菩提!

若福德有實, 如來不說得福德多,

以福德無故, 如來說得福德多".

第 20 分 離色離相

[부처님]

"須菩提! 於意云何?

佛可以具足色身見不?"

[수보리]

　　“不也, 世尊!

　　如來不應以具足色身見。

　　何以故?

　　如來說具足色身, 卽非具足色身,

　　是名具足色身”。

[부처님]

　　“須菩提! 於意云何?

　　如來可以具足諸相見不?”

[수보리]

　　“不也, 世尊!

　　如來不應以具足諸相見。

　　何以故?

　　如來說諸相具足, 卽非具足, 是名諸相具足”。

第21分　非說所說

[부처님]

"須菩提! 汝勿謂!

如來作是念: '我當有所說法'。

莫作是念!

何以故?

若人言: '如來有所說法', 即爲謗佛,

不能解我所說故。

須菩提! 說法者, 無法可說, 是名說法"。

爾時, 慧命須菩提白佛言:

"世尊!

頗有衆生, 於未來世, 聞說是法, 生信心不?"

佛言須菩提:

"彼非衆生, 非不衆生。

何以故? 須菩提!

衆生, 衆生者, 如來說非衆生, 是名衆生"。

第22分 無法可得

須菩提白佛言:

"世尊! 佛得阿耨多羅三藐三菩提, 爲無所得耶?"

佛言:

"如是! 如是!

須菩提!

我於阿耨多羅三藐三菩提, 乃至無有少法可得,

是名阿耨多羅三藐三菩提"。

第
22
分

第 23 分　淨心行善

[부처님]

"復次, 須菩提!

是法平等, 無有高下, 是名阿耨多羅三藐三菩提。

以無我, 無人, 無衆生, 無壽者,

修一切善法, 卽得阿耨多羅三藐三菩提。

須菩提!

所言善法者,

如來說, 卽非善法, 是名善法"。

第 24 分 福智無比

[부처님]

"須菩提!

若三千大千世界中, 所有諸須彌山王,

如是等七寶聚, 有人持用布施;

若人以此般若波羅蜜經, 乃至四句偈等,

受持讀誦, 爲他人說,

於前福德, 百分不及一, 百千萬億分,

乃至算數譬喻, 所不能及"。

第 25 分 化無所化

[부처님]

"須菩提! 於意云何?

汝等勿謂, 如來作是念: '我當度衆生'。

須菩提! 莫作是念!

何以故? 實無有衆生如來度者。

若有衆生, 如來度者,

如來卽有我、人、衆生、壽者。

須菩提!

如來說有我者, 卽非有我;

而凡夫之人, 以爲有我。

須菩提!

凡夫者, 如來說, 卽非凡夫, 是名凡夫”。

第 26 分　法身非相

[부처님]

“須菩提! 於意云何?

可以三十二相觀如來不?”

須菩提言:

“如是! 如是!

以三十二相觀如來”。

佛言須菩提,

“若以三十二相觀如來者,

轉輪聖王, 卽是如來?"

須菩提白佛言:

"世尊!

如我解佛所說義, 不應以三十二相觀如來".

爾時, 世尊而說偈言:

"若以色見我, 以音聲求我;

是人行邪道, 不能見如來".

第 27 分 **無斷無滅**

[부처님]

"須菩提!

汝若作是念:

'如來不以具足相故, 得阿耨多羅三藐三菩提?'

須菩提!

莫作是念:

'如來不以具足相故, 得阿耨多羅三藐三菩提'。

須菩提!

汝若作是念:

　　‘發阿耨多羅三藐三菩提心者說: 諸法斷滅’,

莫作是念。

何以故?

發阿耨多羅三藐三菩提心者,

於法不說斷滅相”。

第 28 分　不受不貪

[부처님]

　　“須菩提!

　　若菩薩以滿恒河沙等世界七寶, 持用布施;

　　若復有人, 知一切法無我, 得成於忍。

　　此菩薩, 勝前菩薩, 所得功德。

　　何以故? 須菩提! 以諸菩薩, 不受福德故”。

須菩提白佛言:

　　“世尊! 云何菩薩不受福德?”

[부처님]

"須菩提!

菩薩所作福德, 不應貪着,

是故說不受福德"。

第 29 分　威儀寂靜

[부처님]

"須菩提!

若有人言: '如來若來, 若去, 若坐, 若臥',

是人不解我所說義。

何以故?

如來者, 無所從來,

亦無所去, 故名如來"。

第 30 分　一合理相

[부처님]

"須菩提!

若善男子、善女人, 以三千大千世界,

碎爲微塵, 於意云何?

是微塵衆, 寧爲多不?"

須菩提言:

"甚多, 世尊!

何以故? 若是微塵衆實有者,

佛卽不說是微塵衆。

所以者何?

佛說微塵衆, 卽非微塵衆, 是名微塵衆。

世尊!

如來所說三千大千世界,

卽非世界, 是名世界。

何以故?

若世界實有者, 卽是一合相。

如來說一合相, 卽非一合相, 是名一合相"。

[부처님]

"須菩提!

一合相者, 卽是不可說,

但凡夫之人, 貪着其事”。

第31分　知見不生

[부처님]

"須菩提!

若人言: ‘佛說我見、人見、衆生見、壽者見’。

須菩提! 於意云何?

是人解我所說義不?”

[수보리]

"不也, 世尊!

是人, 不解如來所說義。

何以故?

世尊說: ‘我見、人見、衆生見、壽者見’,

卽非我見、人見、衆生見、壽者見,

是名我見、人見、衆生見、壽者見”。

[부처님]

"須菩提!

發阿耨多羅三藐三菩提心者, 於一切法,

應如是知, 如是見, 如是信解, 不生法相。

須菩提!

所言法相者, 如來說, 卽非法相, 是名法相"。

第32分 應化非眞

[부처님]

"須菩提!

若有人以滿無量阿僧祇世界七寶, 持用布施;

若有善男子、善女人, 發菩薩心者,

持於此經, 乃至四句偈等,

受持讀誦,

爲人演說,

其福勝彼。

云何爲人演說?

不取於相, 如如不動。

何以故?

一切有爲法，如夢幻泡影；

如露亦如電，應作如是觀”。

佛說是經已，

長老須菩提及諸比丘、比丘尼，

優婆塞、優婆夷，一切世間，天、人、阿修羅，

聞佛所說，皆大歡喜，信受奉行。

金剛經小辭典

금강경 국역에 활용 또는 참고한
불교 용어 및 중요 어휘 108개를
엄선하여 풀이해 놓은 것입니다.
금강경을 읽고 이해하여 독송하는 데
도움이 되기 바랍니다. 찾아보기 쉽도록
가나다순으로 배열해 놓았습니다.

가리왕(歌利王): 부처님이 과거세에 인욕선인(忍辱仙人)으로 수도할 때 부처님의
　　팔다리를 자른 포악한 왕.

걸식(乞食): 승려가 마을에서 음식(飮食)을 구걸(求乞)하는 행위. 탁발(托鉢).
　　무소유의 이상과 겸허한 자아를 완성하기 위한 수도 행위의 하나.

겁(劫): 시간을 나타내는 것 가운데 가장 긴 단위. 지극히 긴 시간. 영원.

게송(偈頌): 부처님의 사상이나 보살의 덕을 기린 시(詩) 형식의 글.

과위(果位): 깨달음의 정도를 말하는 불과(佛果)의 자리[位]. 부처의 경지.

구마라습(鳩摩羅什, Kumārajīva 344~413): 인도 구자국(龜玆國) 태생의
　　승려. 7세 때 출가하여 소승교와 대승교를 섭렵하여 통달. 401년에 후진
　　(後秦)의 임금 요흥(姚興)이 군사를 보내 구자국을 멸하고 구마라습을
　　장안으로 모시고 와서 국사(國師)로 예우하며 여러 경전을 중국어로 옮기게
　　하였다. 413년 입적할 때 까지 총 94부 425권을 번역하였는데, 금강경은
　　402년에 완성하였으니 초기 작품이다. 제자가 3천명이나 되었다고 한다.
　　그 가운데 도생(道生), 승조(僧肇), 도융(道融), 승예(僧叡) 등을 습문사철
　　(什門四哲)이라고 한다.

기수급고독원(祇樹給孤獨園): 사위국의 수달장자(須達長者)가 땅을 희사하고,
　　사위국의 여러 태자가 돈을 내어 지은 절. 고독한 사람에게 음식을 베풀어
　　주었던 정원.

난생(卵生): 알[卵]에서 태어나는 생명(生命). 새, 물고기, 뱀 등.

대승(大乘). ①〈속뜻〉 깨달음의 세계인 피안으로 타고 가는 큰[大] 수레[乘].
　　②이타주의(利他主義)에 의하여 널리 인간 전체의 구제를 주장하는 적극적인
　　불교 사상. ↔소승(小乘).

마하살(摩訶薩): 위대한 뜻을 가진 사람. '보살'의 존칭으로 쓰인다.

말법(末法): 부처님 입적 후 최초의 일천 년(500년이라는 설도 있음)을 정법
　　(正法), 다음 일천 년을 상법(像法), 그 후의 일만 년을 말법(末法)이라고 함.
　　말법 시기에는 불법이 멸하여 구제하기 힘든 시대가 된다고 함.

멸도(滅度): 진리를 깨달아 불생불멸(不生不滅)의 법[度]를 체득함. 열반, 깨달음.

무아(無我): '나'를 갖지 않는 것. '나'라는 구속을 떠나는 것. '나'라고 하는

관념을 배제하는 사고방식.

무여열반(無餘涅槃): 신체까지도 남김[餘]이 없는[無] 완벽한 열반(涅槃).
집착과 번뇌가 완전히 끊어진 열반. 신체만 남기는 열반을 유여(有餘)
열반이라 한다.

무위법(無爲法): "인연에 따라 이루어진 것이 아니며 생멸의 변화를 떠나 상주
불변하는 참된 법"이라고 정의하는 불교 용어. 산스크리트어 asamskrta-
dharma를 말한다. 그런데 금강경에서는 '無爲法'이 '以無爲法'의 형태로
나온다. 즉 금강경 제7분 "一切賢聖, 皆以無爲法, 而有差別."이란 구절에 나오는
'無爲法'을 하나의 의미 단위로 보는 관례에 따르면 해석이 어렵고 불완전해진다.
"皆以無爲法"을『도덕경』39 法本章에 나오는 "貴以賤爲本."(귀함은 천함으로
근본을 삼는다)과 동일한 어순임을 참고하여 "일체의 현자와 성인들은 아무
것도 없음을 실체로 삼았기 때문에 범부와 차별이 나옵니다."라고 옮기면
누구나 쉽게 이해할 수 있다.

※ 금강경의 '以無爲法'(아무 것도 없음을 실체로 삼다)이 후에 '공(空)' 사상으로 발전된
것으로 보인다. 금강경 본문에 無자는 총 81번 등장하지만 空자는 3번(虛空 2번 + 空過)
출현할 뿐이며 철학적 의미로 쓰인 것은 없다.

무쟁삼매(無諍三昧): 타인과 다툼이 없는 경지. 불제자 가운데서는 해공(解空)
제일인 수보리가 무쟁삼매를 얻었다고 한다.

바라밀(波羅蜜): 완성. 도피안(到彼岸).

반야(般若): 모든 사물의 본질을 이해하고 불법(佛法)의 참다운 이치를 깨닫는
지혜. 최상의 지혜.

범부(凡夫). ①지극히 평범(平凡)한 사람[夫]. ②어리석고 무지한 사람.

법(法): ①관념. "不住聲·香·味·觸·法布施."(소리, 향기, 입맛, 촉감, 관념에
머물지 말고 보시하는 것이니라.-제4분). ②실체. "法尙應捨, 何況非法!"
(실체도 버려야 마땅하거늘, 하물며 실체가 아닌 것이랴!-제6분). ③깨달음.
"當知! 是人成就, 最上第一, 希有之法."(마땅히 알라! 이 사람의 성취는
최상으로 가장 희유한 깨달음이로다!-제12분), "是法平等, 無有高下, 是名阿
耨多羅三藐三菩提."(이 깨달음은 평등하여 높고 낮음이 있지 아니하며,

그 이름이 '아뇩다라삼먁삼보리'이니라.-제23분).

※ 금강경에 法자가 총 85회나 출현한다. '法'을 제대로 풀이하는 것이 금강경 해석의
관건이다.

법상(法相): 실체라 여기는 망상.

법성(法性): 깨달음의 본성. 우주에 존재하는 모든 사물의 본성.

법신(法身): ①깨달은 부처님의 몸. ②부처님께서 깨달은 진리 그 자체.

법안(法眼): 깨달음의 눈. 지혜의 눈. 보살은 법안으로 비로소 중생을 제도한다.

보리(菩提): 세간의 번뇌를 끊고 열반의 지혜를 성취하는 것.

보살(菩薩): 보리살타(菩提薩埵)의 준말. 보리는 '깨닫다'는 뜻이고, 살타는
'중생'이라는 뜻. 깨달음을 구하고 중생을 교화하려는 뜻을 세운 수행자.
상구보리(上求菩提) 하화중생(下化衆生)을 위해 노력하는 사람. 유교의
군자(君子)에 비견된다는 설이 있다.

※ 금강경에 '보살'이 총 35 회나 언급되어있다. 유교의 논어(論語)가 군자를 위한
것이라면, 불교의 금강경은 보살을 위한 것이라 할 수 있겠다. 참고로 논어에는 '군자'가
총 108번 출현한다.

보시(布施): 자비심으로 복과 이익을 다른 사람에게 베푸는 행위.

※ 금강경에는 '보시'가 총 21회나 나온다. 금강경이 보시를 대단히 중요시하였음을
이를 통하여 여실히 알 수 있다.

복덕(福德): 과거와 현재의 선행으로 얻는 복과 공덕(功德).

※ 금강경에는 '복덕'이란 말이 총 18번이나 나온다.

부촉(付囑): ①청하여 부탁함. ②생각한 것을 누구에게 맡김. 부처님은 설법을
마친 후에 청중 가운데서 어떤 이를 가려내어 그 법의 유통을 부탁하는
것이 상례였다.

불국토(佛國土): ①부처님의 나라. ②부처님이 계시는 나라. ③불교가 행해지고
있는 나라.

불수불탐(不受不貪): 보살은 복덕을 받지 않으며, 복덕에 탐착하지도 아니함.

불안(佛眼): 부처님의 눈. 모든 것을 다 보고 다 아는 눈. 깨달은 사람의 식견.

비구(比丘): 먹을 것을 구걸하는 자. 먹을 것을 빌어 몸을 기르고, 법을 빌어

마음을 기르는 사람. 출가하여 구족계(具足戒)를 받은 남자. 여자는 비구니(比丘尼)라 한다.

비법상(非法相): 실체를 부정하는 망상.

사구게(四句偈): 네[四] 구절(句節)로 이루어진 게송(偈頌). 금강경의 경우, ①凡所有相, 皆是虛妄, 若見諸相, 卽見如來(제5분), ②若以色見我, 以音聲求我, 是人行邪道, 不能見如來(제26분), ③一切有爲法, 如夢幻泡影, 如露亦如電, 應作如是觀(제32분)을 말한다. 應無所住, 而生其心(제10분)을 사구게로 꼽는 설도 있다.

※ 사구게 만이라도 수지독송하라고 언급한 곳이 금강경에 총 6 곳이나 있다. 사구게가 금강경의 핵심임을 이로써 잘 알 수 있다.

사다함(斯陀含): 한 번 태어나서 깨닫는다고 하여 '일래(一來)' 또는 '일왕래(一往來)'라고도 한다. 성문 사과(四果)의 두 번째. 사다함은 세상에 한 번만 다시 태어나 깨닫고, 그 후에는 다시 세상에 태어나는 일이 없다.

사상(四相): 아상(我相), 인상(人相), 중생상(衆生相), 수자상(壽者相)을 통틀어 일컫는 말. 사람들이 지니고 있는 네 가지 집착이나 망상을 말한다. 예부터 선사들은 누구나 넘어야 할 네 개의 산, 즉 사산(四山)이라고도 했다.

사생(四生): 난생(卵生), 태생(胎生), 습생(濕生), 화생(化生)을 통틀어 이르는 말.

사위국(舍衛國): 중인도에 있었던 나라 이름. 인도 북쪽 교살라국(憍薩羅國)의 수도 이름인 사위성(舍衛城)이 후에 나라 이름이 됨.

사유(四維): 동서남북 사방의 사이, 즉 동남, 서남, 서북, 동북을 말함. 사방과 사유를 합치면 8방이 되고 여기에 상, 하를 합치면 10방이 된다.

삼계(三界): 중생들이 왕래하고 거주하는 모든 세계, 즉 욕계(欲界), 색계(色界), 무색계(無色界)를 통틀어 이르는 말.

삼매(三昧): 잡념을 떠나서 오직 하나의 대상에만 정신을 집중하는 경지. 이 경지에서 바른 지혜를 얻고 대상을 올바르게 파악하게 된다. = 선정(禪定).

삼세(三世): 과거, 현재, 미래를 통틀어 이르는 말. .

삼신(三身): 부처님의 3가지 신체. 법신(法身), 보신(報身), 응신(應身)을 통틀어 이르는 말.

金剛經小辭典

삼십이상(三十二相): 위대한 인간이 가진 32가지 상서로운 모습. 전륜성왕이나 부처님의 신체에 갖추어진 32가지 신체적 특징. 구체적으로는 각 경마다 약간씩 차이가 있다.

삼악도(三惡道): 악업에 의해 생겨나는 지옥, 아귀, 축생의 3가지 세계. 각각을 지옥도, 아귀도, 축생도라고도 부른다.

삼천대천세계(三千大千世界): 고대 인도인의 세계관에 따른 전우주. 세계를 천 개 모은 것이 소(小)천세계이고, 소천세계가 천 개 모인 것이 중(中)천세계이며, 중천세계가 천 개 모인 것이 대(大)천세계이다.

상(相): ①모습. ②실상. ③망상.

※ 금강경에는 相자가 총 96회나 나온다. 85회 출현하는 法자 보다 더 중요한 개념인 셈이다.

상호(相好): 부처님의 신체에 갖추어진 좋은 모습. 32상(相)과 80종호(種好)를 아울러 일컫는 말이다.

색신(色身): 물질적인 존재로서 형체[色]가 있는 몸[身]. 몸매. = 육신(肉身). ↔ 법신(法身).

선근(善根): 온갖 선(善)을 낳는 근본(根本). 좋은 과보를 낳게 하는 근본.

선남자·선여인(善男子善女人): 좋은 가문의 남자와 여자. 선한 공덕을 쌓은 남녀. 세속의 청중을 일컫는 이름.

※ 금강경에 13번이 출현한다. 불교에 입문한 재가 수행자를 이르는 우바새와 우바이는 맨 끝에서 1번 언급되어 있을 뿐이다. 그렇다면 금강경은 불교 신자가 아닌 일반인을 위한 설법인 셈이다. 일반인이 보살이 되자면 어떻게 해야 하는지를 상세히 그리고 비유적으로 설명하고 있는 것이 금강경이다.

선현(善現): 부처님 십대 제자의 한 사람인 수보리(須菩提)를 의역한 말.

소명태자(昭明太子, 501~531): 중국 남조 양(梁)나라 무제 소연(蕭衍)의 맏아들인 소통(蕭統). 어려서 매우 총명하여 5세 때 5경(經)을 외웠다고 한다. 안타깝게도 31세에 세상을 떠났다. 중국 최초의 시문총집인 『문선(文選)』을 편찬하였으며, 불경에도 조예가 깊었다. 금강경 32분의 한문 제목은 그가 지은 것이다.

수다원(須陁洹): 성문(聲聞) 사과(四果)의 첫 번째. 처음으로 성도(聖道)에 들어간다는 뜻으로 '입류(入流)'라고도 한다.

수보리(須菩提): 사위국 바라문의 아들. 부처님의 십대 제자 가운데 한 사람. 해공제일(解空第一), 혜명(慧命), 장로(長老), 선현(善現)이라고도 한다.

※ 금강경은 수보리의 물음에 부처님이 답한 것인데, '수보리'가 총 138번이나 나온다.

수미산(須彌山): 인도 신화에 등장하는 산. 소천세계(小天世界)의 가운데 우뚝 솟은 산. 그 정상에 제석천(帝釋天)이 사는 궁전이 있다고 한다.

수기(授記): 부처님이 제자에게 부처가 될 수 있음을 보증하거나 예언해 주는 것.

수자(壽者): 목숨, 수명, 생명, 영혼. '오래 산다'는 것.

수자견(壽者見): 목숨이나 수명 등에 대한 집착이나 고집. '오래 산다'는 집착.

수자상(壽者相): 목숨이나 수명 등에 대한 관념이나 망상. '오래 산다'는 망상.

습생(濕生): 습한 곳에서 태어나는 생명. 모기 같은 벌레를 말한다.

식시(食時): 식사할 시간. 계율에 의하면 아침에서 정오까지를 말한다.

신상(身相): 겉모습. 몸의 형상이나 특징. 특히 부처님 몸의 특징을 말하는 32상을 말한다.

아나함(阿那含): 성문(聲聞) 사과(四果)의 세 번째. 미혹한 세계로 돌아오지 않는다는 뜻으로 불환(不還) 또는 불래(不來)라고 번역한다.

아난(阿難): 부처님의 제자. 기억력이 좋아서 1차 결집 때 아난이 외우면 모인 대중들이 모두 부처님의 말씀에서 한 자도 틀리지 않았다고 인정하였다. 불교 경전은 아난이 들은 것으로 시작하는 경우가 많다.

아뇩다라삼먁삼보리(阿耨多羅三藐三菩提): 부처님의 깨달은 경지. 세상의 그 어느 것과도 비교할 수 없는 뛰어나고 바른 깨달음. 완전한 깨달음. 무상정등정각(無上正等正覺).

※ 금강경에는 이 용어가 총 29번이나 언급되어 있다. 최상의 깨달음을 얼마나 중시하였는지를 이로써 잘 알 수 있겠다.

아라한(阿羅漢): 수행을 완성하여 존경과 공양을 받을 수 있는 성인의 지위. 성문 사과의 네 번째. 나한(羅漢)이라 약칭하고, 응공(應供), 무학(無學)이라 고도 한다.

이란니(阿蘭邪): 원래는 산림, 훙야를 기리기는데, 훌기인이 수행하기에 직힙힌 사원을 말함. 원리처(遠離處), 적정처(寂靜處), 무쟁처(無諍處)라고도 한다.

아상(我相): ①실체로서 자아가 있다고 생각하는 망상. ②자기만을 생각하는 이기적인 망상. ③스스로 뽐내어 남을 경멸하는 망상.

※ 금강경에는 '아상'이 8번이나 나온다.

아수라(阿修羅): 불법(佛法)을 수호하는 제석천(帝釋天)과 싸운 사악한 무리. 투쟁을 그치지 않는 무리.

아승지(阿僧祇): 무량의 수. 불가수량. 10의 59승(乘).

※ 범어의 원음은 '아승캬'이고, 한자음은 '아승기'이지만 예부터 '아승지'로 불러온 속음을 따랐다.

악도(惡道): 나쁜 일을 함에 의해 생긴 세상. 참고, 삼악도.

업장(業障): 악업만을 이루는 장해. 성불이나 정도를 방해하는 악업.

연등불(燃燈佛): 과거세(過去世)에 출현하여 붓다를 보고 미래에 부처가 될 것이라고 예언한 부처님. 보광불(普光佛), 정광불(錠光佛)이라고도 한다.

오안(五眼): 육안(肉眼), 천안(天眼), 혜안(慧眼), 법안(法眼), 불안(佛眼).

오욕(五欲): 색, 성, 향, 미, 촉의 오경(五境)으로 일어나는 다섯 가지 정욕(情欲). 이를테면 색욕(色欲), 성욕(聲欲), 향욕(香欲), 미욕(味欲), 촉욕(觸欲)을 말한다.

우바새(優婆塞): 남자 재가 신자. 청신사(清信士)라고도 한다.

우바이(優婆夷): 여자 재가 신자. 청신녀(清信女)라고도 한다.

위의(威儀): 예법에 맞는 태도. 위엄 있는 태도. 바른 행동.

유위법(有爲法): 금강경에서 유위법은 제32분에 한 번 등장한다. "一切有爲法, 如夢幻泡影, 如露亦如電, 應作如是觀"의 '一切有爲法'은 '一切以有爲法'이라고 해야 할 것을 글자 수[五言]를 맞추기 위해서 이(以)가 생략된 것이라고 보면 해석이 대단히 쉬워진다. '있다고[有] 여겨지는[爲] 모든[一切] 실체[法]'라고 해석하면 바로 뒤 구절에 나오는 예시와 잘 호응되기 때문이다. 즉 꿈, 허깨비, 물거품, 그림자 같은 것을 말한다. '없음[無]을 실체[法]로 삼는다[爲]'는 무위법(無爲法)의 반대 개념이다.

※ 이유위법(以有爲法)의 관점을 이무위법(以無爲法)의 관점으로 바꾸는 깨달음이

중요함을 역설한 것이 금강경의 요체라 할 수 있다.

육바라밀(六波羅蜜): 보살이 열반에 이르기 위해 수행해야할 여섯 가지 덕목.
보시(布施), 지계(持戒), 인욕(忍辱), 정진(精進), 선정(禪定), 지혜(智慧).

육안(肉眼): 육신(肉身)의 눈. 번뇌로 가득 찬 범부의 눈.

응화신(應化身): 삼신(三身)의 하나인 응신(應身). 부처님의 진신으로부터
변하여 나타난 것. 사람들의 소질과 근기에 따라 나타난 불신(佛身).

인견(人見): ①나와 남을 차별하는 고집. ②남에 대한 견해, 고집, 집착.

인상(人相): ①나와 남을 차별하는 생각이나 망상. ②남에 대한 망상. 차별의식.
※ 금강경 전체에 '인상'이 8차례 출현된다.

인욕(忍辱): ①욕(辱)되는 일을 참음[忍]. ②온갖 모욕과 번뇌를 참고 원한을
일으키지 않는 수행.

일합상(一合相): 자기가 상상하는 우주 전체를 실체라고 고집하는 착각이나 망상.

자비(慈悲): ①고통 받는 이를 사랑하고[慈] 같이 슬퍼함[悲]. ②중생을 불쌍히
여겨 고통을 덜어주고 안락하게 해주려는 마음.

장로(長老): 나이가 많고 법이 높은 훌륭한 승려. 상좌(上座). 상수(上首).

장엄(莊嚴): 건립. 훌륭하게 배치하거나 배열함.

전륜성왕(轉輪聖王): ①통치의 바퀴[輪]를 잘 굴리는[轉] 성(聖)스러운 왕(王).
②인도 신화에서 세계를 통일 지배하는 제왕의 이상형. 세계의 정치적 지배자.

중생(衆生): 육도(하늘, 인간, 아수라, 축생, 아귀, 지옥)를 윤회하는 많은 생명체.

중생상(衆生相): 자기를 중생이라 얕잡아 보는 망상이나 한계 의식.

천안(天眼): 초인적인 눈. 신통을 얻은 눈. 모든 것을 꿰뚫어보는 능력.

초일분(初日分): 하루 24 시간을 3등분하였을 때, 1/3에 해당하는 시간.
자정부터 아침나절까지를 말한다.

최상승(最上乘): 가장 뛰어난 가르침. 더할 나위 없이 뛰어난 교법. 최상의
가르침.

칠보(七寶): 금, 은, 유리, 산호, 호박, 자거, 마노 같은 일곱 가지 귀한 보배.
경마다 다르다. 이 책에서는 편의상 '금은보화'로 옮긴다.

태생(胎生): 모태(母胎)에서 태어나는 생명. 사람, 코끼리, 소, 말 등.

팔십종호(八十種好): 부처님의 신체에 갖추어진 80가지 좋은 모습.

항하(恒河): 갠지스 강.

해탈(解脫): 번뇌에서 풀려나고[解] 고통에서 벗어남[脫]. 열반과 해탈이 불교의
　궁극적인 목표이다.

혜명(慧命): ①지혜(智慧)를 생명(生命)에 비유한 말. ②수행승의 존칭.
　금강경에서는 수보리를 지칭할 때 쓰였다.

혜안(慧眼): 진리를 밝게 꿰뚫어 보는 지혜(智慧)의 눈[眼].

호념(護念): ①감싸주고[護] 생각해줌[念]. ②불보살이 중생을 늘 잊지 않고
　보살펴 줌. 또는 그런 일.

화생(化生): ①변화(變化)하여 나옴[生]. ②사생(四生)의 하나. 다른 물건에
　기생하지 않고 스스로 업력에 의하여 갑자기 생겨나는 생물. 제천(諸天),
　지옥(地獄)의 중생, 우주 최초의 인간 등을 말한다.

후오백세(後五百歲): 5종의 5백년 후. 제5의 5백년. 투쟁견고(鬪爭堅固)의 시대.

희유(希有): ①희망(希望)이 있음[有]. 희망이 보임. ②세상에서 보기 드문.

　　※ 希(바랄 희)는 稀(드물 희)와 고금자(古今字)나 가차자(假借字)로 해석하기도 한다.

금강경 국역 후기

우리나라에서 가장 많은 분들이 즐겨 독송하는 대승경전이 바로 금강경이라고 합니다. 인도 구자국(龜玆國) 태생의 승려 구마라습(鳩摩羅什, Kumārajīva 344~413)이 중국 장안(長安)에 국사(國師)로 와서 중국어를 배워가며 중국인 제자들과 함께 산스크리트어를 5세기 입말중국어로 옮긴 것입니다. 금강경 번역에 당시 장안 지역 입말을 많이 반영시킨 것은 불교 대중화를 지향하였기 때문입니다. 고전중국어(漢文, 古文)에 바탕을 둔 현장법사(玄奘法師 602-664, 洛陽 태생)의 금강경과 크게 대비됩니다. 외국인인 구마라습이 중역(中譯)한 금강경이 대중적으로 더욱 크게 사랑을 받은 까닭은 바로 쉬운 입말 언어로 쓰였기 때문입니다. 이 책을 엮으면서 시종일관 염두에 둔 것도 바로 언어의 대중성이었습니다. 일반인에게는 생소하거나 어려운 불교 용어는 가급적 적게 쓰고 대신 쉬운 낱말이나 표현 방식을 취하고자 노력하였습니다.

　중역본 금강경은 402년에 완성되었으니 1,618년의 역사를 지닙니다. 우리나라 사람들이 금강경을 쉽게 읽을 수 있도록 하는 국역 사업을 당초에는 '금강경 언해(諺解)'라 하였습니다. 이 프로젝트는 1464년 2월 1일 세조의 명령에 의하여 간경도감(刊經都監)에서 이루어졌습니다. 5일 만에 초고가 마련되었고, 여러 차례 교정을 거쳐 4월 7일에 완간되었는데 연 인원 45명이나 동원되었다고 합니다(참고,『금강경언해』김성주·박상준·박준석, 신구문화사, 2006, 26쪽). 언해본이 나온 지 460년 후인 1924년에 용성(龍城) 스님의 국역문이 나왔고, 1980년 8월 1일에는 광덕(光德) 스님의 『국역 독송 금강경』이 단행본으로 출간되었습니다(佛光出版部). 이

어 금강경 번역서와 해설서가 속속 간행되었고, 2009년에는 조계종 표준『금강반야바라밀경』이 출판되었습니다. 그 후로도 금강경 관련 서적들이 끊임없이 나오고 있는 것은, 일반 교양인이나 불자들의 실용적인 수요에 부응하기 위한 노력이 다양하게 이루어지고 있다는 방증입니다. 이 책도 이러한 노력의 일환입니다.

금강경은 읽고 외우는 독송만으로도 무량 공덕을 성취할 수 있다고 부처님께서 11차례나 직접 말씀하셨습니다. 전국 각 사찰이나 신행 단체에서 금강경을 독송하는 모임이 특히 많은 것은 바로 이러한 사실에 기인합니다. 10만 독(讀) 발원을 하여 정진하는 열혈 불자도 많다고 합니다. 금강경 독송으로 무량한 공덕을 짓자면 경전의 뜻을 아는 것이 첫걸음이자 지름길입니다. 신편신역(新編新譯)의 편집, 구성 등에 관한 몇 가지 안내 말씀을 드리자면 다음과 같습니다. 소의(所依) 경전 앞에 감히 서문을 넣을 수 없어 부득이 후기의 자리를 빌려 '일러두기'에 해당하는 글을 실어 둡니다.

(1) 금강경을 우리말로 속뜻을 알기 쉽게 풀이하고 읽기 쉽게 정렬해 놓았기에 『우리말 속뜻 금강경』이라 이름 하였습니다. 속뜻을 알고 보니 금강경은 결코 어려운 경전이 아니었습니다. 대단히 쉽습니다. 왼쪽 페이지에 배치해 놓은 우리말 본문은 1시간 안에 다 읽고 다 알 수 있습니다. 바로 옆 오른 쪽 페이지에 있는 원문과 대조해 보면 이해가 더욱 쉽습니다.

(2) 금강경은 부처님과 수보리의 대화로 구성되어 있습니다. 따라서 질문과 대답을 분간하는 것이 내용 파악의 관건입니다. 그래서 원문에서 생략된 [부처님]과 [수보리]를 행을 바꾸어 넣어 둠으로써 대화의 구성과 문답 내용을 쉽게 알 수 있도록 하였습니다. 원문이 전통 한문과 다른 점이 많기 때문에 현토(懸吐)는 일체 배제하고, 대신 중국식 표점(標點)을 찍어 놓음으로써 의미 단락과 문법 구조를 파악하기 쉽게 하였습니다.

(3) 우리말로 독송하고 싶은 분은 왼쪽 페이지만 계속해서 읽으면 됩니다. 지금까지 해온 관습에 따라 원문으로 독송하고 싶은 분은 ①오른쪽 페이지만 따라

읽는 방법, ②부록에 실려 있는 원문을 읽는 방법, 이상 두 가지가 있습니다. 한 자만으로 읽으면 두뇌 활동이 활성화되는 장점이 있다하여 부록 편에는 독음을 달아 놓지 않았습니다. 원문의 판본은 우리나라 통용본을 따랐습니다.

(4) 우리말 경문은 해설이나 보충 설명 없이도 금방 알 수 있도록 쉬운 말로 엮었습니다. 그래도 의문이 생길 수 있겠기에, 〈금강경소사전〉을 부록으로 덧붙여 놓았습니다. 금강경에 쓰인 용어나 중요 어휘의 뜻을 알기 쉽고 찾기 쉽게 가나다순으로 정리해 놓은 것입니다. 法을 '법'으로, 我相을 '아상'으로 옮기는 것 따위는 음역(音譯)이나 다를 바 없습니다. 그렇게 해서는 뜻을 알 수 없습니다. 따라서 이러한 음역은 일체 지양하고 배제하고 대응되는 우리말로 바꾸었습니다.

(5) 총 32분의 4언 명칭은 20대 젊은 나이에도 불학에 밝았던 소명태자(昭明太子, 蕭統 501-531)가 지은 것입니다. 이를 직역하면 우리말 표현이 가지런해질 수 없기 때문에 과감하게 의역(意譯)하여 3+2+2의 7언으로 대강의 뜻을 함축적으로 표현하였습니다. 원문을 한자음으로 독송할 때에는 4언 명칭을 생략하는 것이 관례이지만, 우리말로 독송할 때에는 7언 명칭을 포함시키더라도 무방할 것입니다.

아울러, 이 책을 엮게 된 경위를 간단하게 소개하여 감사의 뜻을 표하고자 합니다. 각 분야의 유지인사로 구성된 "우리금강경독송회(宇里金剛經讀誦會)"가 2017년에 3월 18일에 결성되어 매월 정기 모임을 가지고 있습니다. 필자는 2018년 6월 23일에 처음 참가 하였습니다. 우리회계법인 빌딩의 소회의실에서 하던 모임을 그 날은 불광사 3층 만불전에서 하였습니다. 10 여 명이 둘러 앉아 독송을 마치고 담론을 할 때 맞은편에 있던 박형명 거사(판사 출신 변호사)가 손을 들고 이렇게 말하였습니다. "원문의 뜻을 모르니 답답합니다. 중문과 교수가 참여하였으니, 한자로 쓰인 원문을 쉽게 번역해 주면 좋겠습니다." 직업이 직업인만큼 그 요청을 외면할 수 없었습니다. 그래서 그날 이후 하루도 빠짐없이 금강경을 공부하며 무한

헌 보람과 희유한 기쁨을 만끽하고 있습니다. 평생 공부거리를 찾게 해준 그 인연과 그 질문을 필생토록 잊을 수 없을 것입니다.

이 책은 금강경독송회 도반회원의 성원과 도움으로 무르익은 결실입니다. 해박한 불교 지식으로 교리를 일깨워주신 고영일 회장님, 판결문을 다듬듯 맞춤법을 세심하게 교열해준 박형명 거사님, 10만독 서원을 세워 부부가 함께 정진하며 쌓은 선근으로 많은 조언을 해준 윤상호 거사님, 금융계 간부로 퇴임 후 수필가로 활동할 정도로 탁월한 필력을 바탕으로 가지가지 귀띔을 해준 이찬웅 거사님, 그리고 여러모로 성원을 아끼지 아니한 김동후, 김상규, 김정영, 김주완, 마상호, 신수현, 안징현, 오동진, 이상준, 이자묵, 이연중, 주창식, 최갑선, 황태인, 황종진(편의상 존칭 생략), 이상 스무 분의 방명(芳名)을 깊이 아로새겨 둡니다.

이 책은 특히 독송용에 부합하도록 엮었습니다. 그래서 번역의 정확성은 물론, 읽기의 용이성과 운율성을 동시에 기하기 위하여 교정 및 윤문을 총 10여 차례 거듭하였습니다. 고비마다 많은 도움을 준 은인들의 고명(高名)을 이에 적어 둠으로써 몰치불망(沒齒不忘)하도록 하겠습니다. 먼저 1차 교정 작업을 도와준 전 동아일보 교열기자 최영록 선생, 2차에서 10차까지 교정 작업을 함께 하며 많은 오타와 오류를 찾아준 민기식 선생, 4차 교정 때 제2분에 나오는 "應云何住?"의 바른 뜻을 알려 주신 법산 경일 스님(전 동국대 불교대학장, 제40대 동국대 이사장), 7차 교정 시 큰 오류를 지적해 준 이일수·안희관 선생 등등 많은 분들의 도움이 큰 힘이 되었습니다. 그리고 국내 굴지의 북디자이너인 조의환 선생(전 조선일보 편집위원)에게도 고마움을 표합니다. 깔끔하고 말끔하고 산뜻하게 디자인해준 덕분에 표지는 물론 본문의 서체도 현대적 미감을 지니게 되었습니다.

전국 불자님들의 금강경 독송 정진에 편리한 '디딤돌'이 되고자 원문을 새롭게 엮은 신편(新編)이자, 당시 입말중국어라는 관점에서 새롭고 쉽게 옮긴 신역(新譯)이지만, 완전무결한 완역(完譯)이라고 할 수는 없습니다. 강호 제현의 많은 질정으로 거듭거듭 새로 나게 되기를 소망합니다. 끝으로, 금강경 독송 정진으로 여러분의 삶이 더욱 값지고 윤택하게 되기를 빌고 또 빕니다. 나무금강반야바라밀!

2020. 8. 3
菩慧 全廣鎭 合掌

2판 후기

어렵기로 소문난 금강경을 속뜻까지 샅샅이 밝혀 쉬운 우리말로 옮겼다는 점이 이 책의 가장 큰 특징입니다. 그래서인지 2020년 9월 1일에 선을 보이자마자 선풍적인 호응을 얻었습니다. 1쇄가 바로 소진되어 같은 달 25일 자로 2쇄를 발간하였습니다. 10월에는 교보문고 불교 분야 '화제의 도서'로 소개되었고, 11월 중순에는 주간베스트 3위까지 올랐습니다. 2021년 2월에는 BBS 불교방송 라디오 이선희의 〈붓다의 향기〉에 경전 낭독 도서로 선정되었으며, 6월에는 유튜브(안나의 북튜브)에 탑재되기도 하였습니다. 7월 15일에는 한국출판문화산업진흥원의 '오디오북 제작지원' 사업 선정되어 현재 제작 중입니다. 7월 30일에는 한국출판협동조합의 '큰글자책' 사업에 선정되어 9월에 큰글자책으로 제작 출시되었습니다.

그리고 전국 각 사찰의 금강경 독송회 교본으로 채택되는 사례가 점증하고 있습니다. 감염병 사태로 대면 활동이 어려움에도 불구하고 금강경 독송회가 비대면 줌 회의 형식으로 끊임없이 이루어짐에 따라 몇 군데 줌독송회에 초청받은 바 있습니다. 이러한 활동을 통하여 많은 독자의 독후감과 고견을 듣게 되었습니다. 그 결과 본문 가운데 다소 어색한 세 곳이 발견되었습니다. 훗날 우리말본 금강경 연구에 참고가 될 것 같아 수정 내용을 아래에 상세히 밝혀둡니다.

(1) 제8분(39쪽)에 "所謂佛法者, 卽非佛法"이란 구절이 있다. 이에 대하여 초판본에서는 "이른바 부처의 깨달음이라고 말하는 것은 정녕 '부처의 깨달음'이란 본성이 아니니라."라고 옮겼다(38쪽). 이 말이 무슨 뜻인지 알기 어렵다는 독자

와 스님의 지적이 있었다. 이에 대하여 곰곰이 궁구해본 결과 경전 원문에 생략된 것이 있음을 알게 되었다. 즉 금강경 원문에 "即非X, 是名X"(정녕 X란 실체가 아니라, 그 이름이 X일 따름이다)란 용례가 총 14번이나 나온다. 이렇게 X에 해당하는 것으로 '장엄'(2회), '반야바라밀', '제일바라밀', '일체법', '구족색신', '구족', '선법', '범부', '미진중', '세계', '일합상', '아견,…', '법상' 등이 있다. 제8분의 '佛法' 또한 이와 같은 용례에 속하는데, 그 뒤에 "是名佛法"이 생략되어 있어, 우리말 번역에도 이 부분을 생략하다 보니 어렵게 될 수밖에 없었다. 그래서 생략된 부분을 넣어서 "이른바 '부처의 깨달음'이란, 정녕 '부처의 깨달음'이란 실체가 아니라, '부처의 깨달음'이라 이름할 따름이니라."라고 옮겼다. 이렇게 바꾸고 보니 뭔 말인지 알기 쉽게 되었다.

(2) 제15분(87쪽) "若樂小法者, 着我見·人見·衆生見·壽者見, 即於此經, 不能聽受讀誦, 爲人解說."이란 원문에 대하여 "만약 작은 깨달음에 도취되면, '나'만을 생각하는 고집, 나와 '남'을 차별하는 고집, 나는 '중생'이라 여기는 고집, 나는 '오래오래 산다'는 고집에 사로잡히고, 이 경을 듣고 받고 읽고 외워도 남에게 해설해 줄 수 없느니라."(86쪽)라고 두 글자를 고침으로써 원문의 어법적 의미를 더욱 충실하게 반영하였다.

(3) 제16분(91쪽) "善男子·善女人, 受持讀誦此經, 若爲人輕賤, …"이란 원문에 대하여 "선남자 선여인이 이 경을 받들어 독송함으로 인하여 만약 다른 사람에게 업신여김을 당한다면, …"이라고 고침으로써 원문에 담긴 속뜻을 더욱 분명하게 알 수 있도록 하였다.

(4) 제28분(149쪽) "知一切法無我, 得成於忍, …"이란 원문에 대하여 "모든 실체에 자기가 없는 '무아'를 알고, 인욕을 체득하여 이루면, …"이라 고치고, 151쪽의 "不應貪着"을 "탐내거나 집착하지 아니해야 한다."로 바꿈으로써 원문의 뜻을 더욱 충실하게 반영하였다.

아울러, 172쪽 "金剛般若波羅密經"의 오타 密을 蜜로 바로 잡았습니다. 이름을 밝히지 않는 한 독자분이 이 오류를 지적해주었습니다. 그리고 220쪽 소사전의 '유위법'에 대한 설명에 [爲]자를 두 곳에 삽입함으로써 '유위법'이란 세 글자의 형태론적 유연성을 더욱 분명하게 하였습니다. 이런 수정 보완을 통하여 완성도를 높이고 보니 마음이 한결 가뿐해졌습니다. 그동안 음으로 양으로 성원해 주고 일깨워주신 전국 독자, 불자, 스님 여러분께 감사한 마음을 이에 적어 고이고이 간직합니다.

2021. 12. 1
전광진 삼가 씀

2판 후기

금강경 독송일지

국역인 : **전광진**(全廣鎭)

성균관대학교 중문학과 교수 (1997-2020)
성균관대학교 문과대학 학장 (2013-2014)
현 성균관대학교 명예교수(종신)
속뜻사전교육연구소 소장

주요업적
『우리말 한자어 속뜻사전』
『우리말 속뜻 금강경』외 20종 저작, 45편 논문
LBH교수학습법, CKTM 중한번역법 개발

이메일: jeonkj@skku.edu

한 시간 안에 금강경을 다 읽고 다 알 수 있는 길을
1618년 만에 열었습니다. 일념독송으로 성불하소서!

우리말 속뜻 금강경

2020년 9월 1일 제1판 1쇄
2020년 9월 25일 2쇄
2022년 1월 1일 제2판 1쇄
2024년 5월 15일 제2판 2쇄

국역인 | 전광진
발행인 | 이숙자
교정인 | 최영록, 민기식
디자인 | 조의환
인쇄사 | 신도인쇄사
제책사 | 가원문화사

발행처 | (주)속뜻사전교육출판사
등록 | 220-90-76309
주소 | 경기도 하남시 덕풍북로 110, 103-101
Tel (031) 794-2096 Fax (031) 793-2096
www.LBHedu.com
lbheduco@naver.com

ISBN 978-89-93858-46-4
잘못 만들어진 책은 바꾸어 드립니다.
이 책은 저작권법의 보호를 받고 있으므로 무단 복사, 복제 또는 전재를 금합니다.

값 15,000 원